認罪與量刑

劉邦繡

——

著

五南學術叢刊

五南圖書出版公司 印行

陳序

　　偵審人員為有助於發現真實及促進訴訟效率等考量，得否提供法律所賦予之權限範圍內的承諾以勸諭被告自白，其與所謂利誘等不正訊問方法的區隔界限何在，學理上向有爭議。進而，就刑事政策而言，對於貪污或毒品等具有高度隱匿性、共犯結構等偵查取證不易的犯罪，得否因行為人自首或自白犯罪致查獲共犯為由，而予以減免處罰或不起訴處分，在法理上仍有探討的必要。另一方面，刑事審判之量刑如何符合罪刑相當原則，使罰當其罪，又能兼顧刑罰的公平性，必須綜合考量一般預防及特別預防等刑事政策的觀點，是一門高度的學問且極其實務性的重要課題。其中，就被告犯罪後的態度而言，被告在訴訟上行為表現，例如被告自白、保持緘默或否認犯行等，是否得作為量刑判斷之依據，存有疑義，值得從實務運作的狀況進行有體系的分析研究。

　　本書作者劉邦繡先生曾任檢察官及法官，不僅職司偵查、追訴及審判等實務經驗豐富，並在本校法律學系兼任教席，表現傑出，現任法務部行政執行署新竹分署長，其於擔任司法官經常利用公餘之暇，就實務運作上觀察所見的重要議題或具參考價值的裁判，進行分析研究，發表論著於法學期刊，廣受學界及實務界的重視及肯定。此次，持續累積其研究能量，將近年來所發表的五篇研究論著彙集而成專書，分別針對上述爭議或有待探討的課題，於第一章論述偵審人員勸諭被告在刑事訴訟法上之定位，嘗試釐清適法的勸諭認罪與不正訊問的界限。第四章針對司法實務上常見之貪污、毒品、槍砲等重大犯罪類型中所規定被告自白減免其刑在適用上所衍生的爭議問題，從政策及理論層次檢討相關實務見解。第二章及第三章則處理被告在訴訟上表現模式與量刑的關聯，包括被告自白、保持緘默或虛偽誣攀與量刑評價的關係，並探討當事人達成求刑協商在法院量刑上的地位。最後，第五章另檢討檢察官執行易科罰金之正當程序。本書針對各項論點或課題，引用文獻詳實，深入比較分析裁判案例，並從學理角度梳理正反見解，而提出作者具體之建議。

　　相信本書的出版，除了可提供檢審實務的參考，更可促進刑

事法學界對於被告訴訟行為表現模式與量刑之關連的深入研究。
有感於劉分署長對於刑事實務及法學研究的貢獻及熱誠，本人能
以此短文為序推薦，與有榮焉。

東海大學法律學院教授兼院長

陳運財

2012年5月18日

柯序

　　為學日益，知之益謙，而其欲日慼，所以致虛極、守靜篤，以效自然，此乃為學之道，以此作為對作者的開場白，應是再適合不過。在司法實務中，平日所處理者，多為世俗塵世因緣問題，處而不思者，則如宦海浮沈，終莫成就。惟若能靜心體會，著心眼以觀，則道在其中，此乃身在公門好修行之意。刑法學理是思法之本然，而實務乃法之實踐，二者不宜偏廢，若能從法實踐而致其本然，是法所以為法之體現。刑法係以犯罪及刑法之實體性規範為其內容，而具體認定犯罪是及刑罰的體現，則須仰賴刑事程序的作用。故刑事法最終的任務，在體現具體的刑罰權，透過具體事實的認定，以及對於刑罰量定的斟酌，其中對於事實的認定，以及刑罰的裁量，乃屬較為棘手之事，特別刑罰裁量者，乃刑罰形成的藝術，職司刑罰裁量者，則為刑罰的藝術師。

　　觀「認罪與量刑」問題，爰事實的認定固然須以證據為準，

然事實的繁瑣，常致程序有曠日廢時之憾，若得有認罪之佐，既得因此觀被告之悔悟，所以認之，乃有懺其前愆之意，並有受刑的領悟，而有悔其後過之心，以此作為量刑上的參照，亦得使程序得以順利進行，二者有琴瑟相合之功。從實務運作的觀察，將此二者關係加以檢討，既有以實務案例為題材之利、亦有體現抽象規範之功，更有實現法構想之實用，確實為學理與實務所亟望之議題。

邦繡賢棣任職刑事司法實務多年，其於審檢工作上，悉心任事、用心眼以觀，務求用法不離本宗，潛心以司法為念，在司法工作負擔沈重下，仍心繫法理的契合，深悟體現法本之道，繁忙之際仍力著不輟，雖時有佳作問世，仍謙遜以對，自歉其不足，心思如此，殊值欣慰！其有感而告知，體法日深，則用法益慎，恐離法之本宗，遂鞭策自己能善盡司法微末之力，所論所著者，皆求其知道而已。其所論之作，皆取之實務，而求其法理相容，以提供實務最簡顯明確的運作方式，既能解決實務所面臨之問題，也能體現法律的本旨。其對問題的觀察，心思相當細膩，認知直指問題根源，提供見解既得與法相容，也具有具體實踐的優勢，其功甚大。

　　今《認罪與量刑》一書即將問世，以饗讀者，該書將刑事法二個核心問題，一個事實承認的關係、一個為刑罰裁量問題，作相當縝密連結式的處理，確實是一本實務相當值得參照的論著。本於推薦好書之心，絮言數語，以盡讚嘆之誠。

國立中正大學法律學系教授

柯耀程　謹序

2012年仲春書於嘉義寄寓

江序

　　被告的自白是證據之王，也是訴訟程序中最重要的證據方法，古今中外的刑事案件無不高度重視被告自白，最高法院最近一件判決主張「逮捕後之暫時留置非以實施積極偵查為其主要目的」與「檢察官對拘捕到場被告之訊問以釐清羈押之必要、逕命具保等事項為限」，因此認「遲延偵訊就應推定為非法取供」，故檢察官因延遲訊問所得被告自白不具證據能力，引起檢察官激烈反彈，可見被告的自白常是案件進行中第一個被重視的證據。

　　被告自白在我國刑事訴訟法規定之效力如何？與認罪有無不同？被告自白後之訴訟程序及判決量刑有無不同？執法之司法警察、檢察官或法官在案件偵查、審理階段，以自白可獲得較有利之訴訟利益時，被告因此而自白，此一勸諭行為是否屬於刑事訴訟法第 156 條所謂之利誘，所取得被告之自白因而不具有證據能力？被告嗣後未得有利之訴訟利益而翻供時，其自白到底能不能

使用？且自白如有不實時，其法律效果如何等？在刑事訴訟程序中即為一項有意思的課題。

　　邦繡擔任檢察官及法官多年，並因表現優異調法務部檢察司辦事，與我共事數年，富有研究精神，常在重要法學期刊發表論文，在司法實務界實屬不可多得之優秀人才，其以豐富的刑事偵查及審判實務經驗，對上述問題與最高法院歷次判決為基礎，分別探討說明，著成《認罪與量刑》一書，理論與實務兼具，極具參考價值。

江惠民

2012年春5月

（前法務部次長，臺灣高雄、臺中地方法院檢察署檢察署檢察長，法務部檢察司長，現任臺灣高等法院高雄分院檢察署主任檢察官）

張序

　　刑事審判程序是否完善，可為衡量人權保障充分與否之重要基準，舉凡蒐集證據、認定事實、適用法律均須基於法治國原則以附之比例、平等及罪刑相當等原則，於保障基本人權及事實之發見基礎下，進行刑事審判。而刑事審判除講求程序合法外，最重要者，厥為量刑之妥適與衡平。對於刑之量定，應以被告之責任為基礎，審酌刑法第57條所列各款情狀及其他法律所明訂之加重、減輕刑度事由，作為量刑輕重之標準。我國刑事實體法賦予法官範圍甚廣的刑罰裁量權；惟如何對有罪被告科處適當刑罰，誠屬不易。於99年間發生的性侵幼童案件，引發社會高度關注與討論，各界對於量刑合理化之呼聲日趨高漲，甚而引起呼籲建議訂定量刑標準，俾求量刑適切公平、減少法官量刑歧異之浪潮。因此，如何建立一套公平合理、公開透明、具體客觀的量刑標準或系統，依據各界所認同之量刑審酌事由及準則，使法官量刑時有所遵循，且宣告之刑更為合情合理，符合社會大眾期待，真正落實罪刑相當、比例與平等原則，維繫人民對司法的信賴，實乃

吾人應亟思解決，嚴正面對的任務。

　　有鑑於各界對法院量刑公平性及妥適性之要求，已成為當前社會最關切的課題，作者以認罪與量刑為探討主題之重要性，更加彰顯。本書研究之核心著重在被告之認罪與法院量刑之關係，探討之重點包括：以減刑或量刑優惠勸諭被告認罪是否合法的訊問方式、因此所取得之認罪自白是否具有證據能力、被告緘默權之行使與犯後態度及量刑之關係、協商程序中檢察官之求刑與量刑之關係，以及貪污、毒品、槍砲案件之被告自白減刑規範之檢討等。由於訴訟法的生命在於運用，作者蒐集了相關實務判決，可相當程度地瞭解法官目前之量刑行為及以認罪作為量刑因子之實務現況。為求理論與實務之結合，作者綜合學理，針對相關爭議逐一進行深入的分析與探討，最後提出精闢之見解及具體建議，期作為實務運作或日後修法之參考。本書不僅對於當前社會所關注量刑相關議題之研究與討論，有拋磚引玉之效，對於推動刑事訴訟法制之進展及促進實務運作之順暢，亦顯有助益，可謂開啟了我國在量刑實務研究及學理方面之新頁。

　　本書除提醒吾人正視在量刑法制及運作實務的相關疑義外，也引發本人對相關問題之進一步思考：刑事審判基於憲法正當法律程序原則，採取自白任意性原則，刑事訴訟法第156條規定列舉了禁止自白取得手段，即係為保障被告之自白係本諸自由意

志所為，因此，經勸諭之認罪陳述是否具備任意性，應視該自白是否出於被告自由意志之發動，倘被告之陳述自由權已受到影響，縱使以法所容許之利益勸諭被告認罪，仍屬影響被告自由意志，其認罪之動機及其認罪陳述之真實性即有可議。因此，以減刑或優惠量刑勸誘認罪之訊問手法，雖未壓制被告之自由意志，但顯對其自由意志有所影響，如何能確保行使此手段時，已充分保障被告陳述之任意性，職司偵查及審判實務者，均應更為嚴謹以對。再者，基於有限司法資源之合理分配、促進訴訟經濟之考量，實務上肯認給予認罪之被告以量刑上的優惠，有其實際上的需要，但既然緘默權及抗辯權係憲法基於人性尊嚴所賦予之基本人權，自不能使被告因防禦權、緘默權、辯護權等正當權益之行使而受有任何不利益，因此犯罪後之態度，應不包括被告行使緘默權或防禦權時之態度，當不得因被告緘默或否認犯罪，即予負面評價，逕認其犯罪後之態度不佳；況且，縱被告認罪，亦不當然代表係出於內心悔悟，而認其犯後態度良好，予以減輕量刑，蓋認罪的原因動機不一而足，有由於情勢所迫者，亦有基於預期獲邀必減之寬典者，為期量刑公平，使真誠悔悟者可得減刑自新之機，同時使狡黠陰暴之徒亦無所遁飾，量刑時，除斟酌被告認罪此一事實外，仍應依具體個案審酌被告認罪之動機、認罪時之情狀等，作為犯後態度之判斷標準，此由刑法第62條自首減刑規定，於94年修法時從應減主義改採得減主義之修正理由觀之甚

明。

　　相信本書的出版，將能帶動並促進刑事司法執法者及學者對於量刑之政策及實務運作之持續檢討與研究，俾發展出適合我國國情之量刑改革模式，使量刑與時俱進，符合社會大眾的認同與期待。

　　個人與作者邦繡兄長期從事刑事偵查，並曾同在法務部工作，他在檢察司參與刑事實體法研修及刑罰政策研擬工作，我在保護司從事司法保護與犯罪預防及法治教育，因此對刑與罰的妥適和功能均同等關注，後來邦繡兄轉往刑事審判，我則換為法律事務，並曾在二審智慧財產分署參與量刑因子分析與量刑標準研訂，現在又一起從事行政執行，因此當邦繡兄寄來本書初稿，個人即深感興趣，拜讀後更佩服作者長期從事刑事偵查、審判，及參與刑事實體法研修及刑罰政策研擬工作之認真和投入。因此將個人閱讀心得寫下以分享同樣關心此議題的廣大讀者。

張清雲　謹誌

2012年5月

（前臺灣宜蘭、基隆地方法院檢察署察長，法務部保護司、法律事務司司長，臺灣高等法院檢察署主任檢察官，現任法務部行政執行署署長）

自序

　　法院對被告量處的刑度，必須適切反映其行為內涵、責任能力及犯後態度，這應該才是刑罰公平的實現，法律雖然未明文規定與被害人家屬和解後，可以從輕量刑，或犯後飾詞狡辯任意攀誣後應當從重量刑，但司法實務上是否應將此列為酌減刑度或加重其刑度的考量因素，以鼓勵被告在犯後坦承犯行，並主動、積極提出賠償盡可能撫平被害人的創痛，應是不得不加以正視的。如果法院面對被告犯後態度的表現模式，未予以反應在法院量刑上，代表法院的量刑並未適切反映被告犯後態度，忽視被告認罪之真誠，法院之審判將會讓被告及任何人都覺得，即使被告犯後認罪，或努力提出賠償，仍必須面臨最重的刑罰，何需在意被害人家屬感受？被告何須犯後坦承不諱表現態度良好呢？若法院判決之量刑，不必顧及被害人之感受，也不在意被告犯後之態度成為趨勢，將可預見被告犯罪在偵審過程中之認罪愈加困難，被告亦不會在意於犯後彌補被害人之舉措，這明顯的與司法鼓勵被告

積極悔過的目的背道而馳。

　　個人於審理刑事案件司法實務時，常想起司法官訓練所禮堂外掛著一幅墨寶，是王陽明先生說：「如問一詞訟，不可因其應對無狀，起箇怒心：不可因他言語圓轉，生箇喜心：不可惡其囑託，加意治之：不可因其請求，屈意從之：不可因自己事務煩冗，隨意苟且斷之；不可因旁人譖毀羅織，隨人意思處之：這許多意思皆私，只爾自知，須精細省察克治，惟恐此心有一毫偏倚，杜人是非，這便是格物致知。」當社會各界普遍強烈呼籲司法機關應正視被告犯後態度，以及被害人家屬在刑事司法程序中的聲音，法院認定被告犯罪之事證明確下，量刑自當予以回應。本書是我在擔任刑事庭法官時於審理刑案，就被告犯後態度、認罪自白陳述在法院量刑上之定位與評價，以及法院量刑易科罰金後檢察官指揮執行之正當程序之疑義與爭點，在幾經踱步沉思下，所得初淺之理解，從擔任檢察官、法官十餘年來，馳隙流年如星霜換，滿懷幽思，數點寒燈幾聲歸雁，願以留下歷史所走過之歲月痕跡，輯為一書。

　　感謝在我人生工作與學習旅途中的貴人——前法務部常次長、臺灣高雄、臺中地方法院檢察署檢察長、現任台灣高等法

院高雄分院檢察署主任檢察官江惠民先生，法務部行政執行署署長張清雲先生，東海大學法律學院院長陳運財教授，國立中正大學法學院教授柯耀程博士，在我司法工作上、學業及教學上的提攜，並為本書作序，銘感五內。

劉邦繡

2012年5月在法務部行政執行署新竹分署

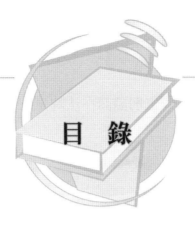

目　錄

1

勸諭[*]被告認罪陳述在刑事訴訟法上之定位

最高法院99年度台上字第3747號、第7055號判決探討

---

[*] 所謂「勸諭」認罪，在實務上之操作，係指司法人員包括司法警察官、檢察官或法官在訊問被告時，以勸誘、誘導、教導或曉諭被告作認罪之供述而自白犯罪，並承諾給予被告某種法律上之利益，例如量刑、緩刑、緩起訴、減刑等。司法實務上之用語有稱「勸諭」、「曉諭」、「勸誘」等用詞。

■ 摘要 SUMMARY

被告之陳述屬證據方法之一種，只要不是撒謊或攀誣，被告因真誠認罪而自白的供述，在證據法上一直占有極為重要之地位，在今日社會要被告平白俯首認罪，常屬不可能之事，因此，司法人員為利真實之發現、訴訟程序之進行或其他考量，基於法律賦與審酌量刑之裁量權限，在裁量權限內勸諭被告如實供述，使司法機關透過被告自白或認罪或有罪之陳述，作為發現真實之方法，一方面可節省許多證據調查時間，另方面將會簡化法院原本複雜的審判程序。我國刑事訴訟法在偵查階段或審判階段，均有規範以被告認罪自白為基礎，採行多樣化的刑事司法程序，被告經由合法訊問後自願的認罪自白，不僅在證據法上有其重要性，在如何適用刑事訴訟處理機制及量刑上更屬重要審酌因素，且因為案件有無被告認罪自白，刑事訴訟乃發展出基於以被告認罪自白為前提的刑事訴訟分流處理機制，大大地提高了刑事訴訟的效率。棘手的問題在於法院或檢察官以曉諭或勸諭被告作認罪自白，將取得減刑或量刑優惠之法律上利益，是否可評價為以不正的訊問方式或利誘而取得被告認罪自白？而司法人員勸諭被告作認罪之陳述，此勸諭是否為訊問技巧合法範圍之射程內？有無壓制其自由陳述之疑慮？仍有諸多疑義待釋疑，本文嘗試自實務上之案例解說，著予釐清。

一、系爭判決要旨與疑義

(一)判決要旨

　　最高法院99年度台上字第3747號一案，是被告抗辯其在第一審及第二審認罪，係依法院之勸諭，為邀獲緩刑諭知始有該等表示，並非就起訴書所載之犯罪事實，坦承犯行。亦即係以原審諭知緩刑為條件之認罪，並非出於任意性；該等認罪之表示亦非自白。其之選任辯護人於第二審具狀表示上訴人願予認罪云云，僅係訴訟上之策略，藉以換取緩刑之宣告。被告對起訴書所載之犯罪事實既非毫無爭執，其在法院之勸誘及信任選任辯護人之雙重影響下所為之表示，實無自白或認罪之意思。而最高法院在該案判決要旨中指出，所謂自白，係指被告或犯罪嫌疑人，對犯罪事實之全部或一部予以承認之意；其後雖翻異前詞或另有爭執，仍不影響於前此之自白。供述證據，禁止以不正訊問方法取得；利誘係此取供禁止規範之例示，乃訊問者誘之以利，讓受訊問者認為是一種條件交換之允諾，因足以影響其陳述之意思決定自由，應認其供述不具任意性，故為證據使用之禁止。但法院為利真實之發現、訴訟程序之進行或其他考量，基於法律賦與審酌量刑之裁量權限，在裁量權限內勸諭被告如實供述，則屬合法之作為。受命法官或審判長於審理中兼有：「自白（犯後態度）得作為科刑輕重參考之相關曉示」，依前開說明，亦僅職權之適法行使，難指為違法。至於當事人或其選任辯護人基於如何之動機或訴訟策略而為認罪之表示或陳述，亦無關自白之任意性。

　　最高法院99年度台上字第7055判決要旨則指出，被告之自白，須非出於強暴、脅迫、利誘、詐欺、疲勞訊問違法羈押或其他不正方法，且與事

實相符者，始得採爲認定被告犯罪事實之證據，刑事訴訟法第156條第1項規定甚明。此項證據能力之限制，係以被告之自白必須出於其自由意志之發動，用以確保自白之眞實性，故被告之自由意志，如與上揭不正方法具有因果關係而受影響時，即應認其自白不具任意性，而不得採爲證據。而上開所謂之利誘，乃詢問者誘之以利，讓受詢問者認爲是一種條件交換之允諾，足以影響其陳述之意思決定自由，應認其供述不具任意性，故爲證據使用之禁止。但並非任何有利之允諾，均屬禁止之利誘，如法律賦予刑事追訴機關對於特定處分有裁量空間，在裁量權限內之技術性使用，以促成被告或犯罪嫌疑人供述，則屬合法之偵訊作爲[1]。

(二)問題與疑義

　　國家機關不得強制人民積極證明自己犯罪，因爲自證犯罪是違背人性尊嚴的，是違反意思決定與意思自由等憲法上的權利，故被告在刑事訴訟中享有緘默權，對於被指涉及的犯罪並無陳述義務，唯對於是否陳述則享有自由，被告可以從最有利角度決定是否陳述。根據國內一項研究，發現在刑事訴訟各階段，被告自白的比率皆極高，被告接受執法者包括法官、檢察官、警察訊問時僅有百分之一不到的被告會保持緘默，其餘被告則有百分之五十三，會坦承犯罪全部或一部事實[2]。從事司法實務工作的人都知道，在今日社會要被告平白俯首認罪，常屬不可能之事，而不論如何科學辦案，其他證據未必足夠，故無論中外，都對被告自白非常重視，如何

[1]　相同見解，如最高法院97年度台上字第1655號判決。
[2]　王兆鵬，〈緘默權的實證研究〉，收錄在氏著《刑事被告的憲法權利》一書，頁80至81，國立臺灣大學法學叢書（116），1999年。

取得自白或被告認罪，乃成為司法實務界所面臨之一大課題，當案件發生時，與其讓罪犯逍遙法外不如適度放寬偵訊方式，當有相當理由認為嫌疑人可能就是真正犯罪者，而以誠實方法無法取得足夠證據時，衡量情形以不誠實但適當之方式取得自白應具有正當性[3]。

　　上開最高法院二則判決分別指出，訴追機關（司法警察、檢察官）或法院（法官）為利真實之發現、訴訟程序之進行或其他考量，基於法律賦與審酌量刑或特定處分之裁量權限，在裁量權限內得「勸諭被告如實供述」，則屬合法之作為；但司法人員勸諭被告作認罪之陳述或自白，其與被告不自證己罪之關聯性為何？究屬何種合法之作為？仍有所晦暗不明[4]。勸諭或勸誘被告作認罪之陳述，此勸諭是否為訊問技巧合法範圍之射程內？勸諭被告陳述有無壓制其自由意志之疑慮？此外，對法官或檢察官以勸諭之訊問方式，是否屬於利誘被告認罪而自白的疑慮？並導致該自白不具有證據能力，仍有諸多疑義待釋疑，著有釐清之必要。

二、被告認罪陳述在刑事訴訟體系之價值

　　「任何人均沒有對自己不利益事項作供述的義務」，表露出對人格尊嚴予以尊重的訊息，也是被告緘默權之由來。而緘默權即是構築被告受國家追訴處罰時，在防禦上不可或缺之權利；所謂緘默權，係指「國家不得課以被告法律上、事實上之供述義務，以強制取得不利益於被告之供

---

[3]　吳巡龍，〈以不誠實方法取得自白之證據能力〉，收錄氏著《新刑事訴訟制度與證據法則》，頁183至184，學林文化，2003年。

[4]　為使讀者瞭解目前司法實務上，法官或檢察官勸諭被告認罪之實際情形，本文於【附件】引用二件真實案例，請參閱。

述。」爲保障其陳述之自由，現行刑事訴訟法第95條規定承認被告有保持緘默之權，被告於受訊問時可以選擇要不要陳述。而依被告在刑事程序中就所涉犯罪事實接受司法人員訊問時，其在訴訟上之供述行爲表現模式，大致可分爲：(1)認罪坦承犯行而自白，(2)行使緘默權，(3)否認犯行，而否認犯行又可分爲①消極性否認犯行及②積極性否認犯行。再細究被告就其被指控的犯罪事實，放棄緘默權而爲自由意識之陳述進行辯明，通常包括以下二種類型：(1)辯解，即被告否認自己實施了犯罪行爲，或雖然承認犯罪，但辯稱不應追究刑事責任或者應當從輕、減輕或者免除刑罰等。(2)攀供，即被告除認罪自白坦承自己犯行外，另供述揭發同案其他犯罪嫌疑人的罪行，此一供述其他正犯或共犯的犯罪事實內容，乃被告進行攀供在刑事司法偵查中並非不常見，其動機有因悔罪、補償過錯而揭發供出他人的犯罪行爲，亦有爲了減輕自己的罪責而揭發供出他人的犯罪行爲，但大部分是因爲法律上規定了供出他人犯行之「污點證人」，得到寬大處理，依法可以就被告所犯罪行減免罪責[5]。(3)攀誣，係指被告爲推卸自己的罪責或報復陷害他人，故意虛構他人犯罪行爲，而進行有計劃否認犯行的狡辯陳述[6]。

---

[5] 在我國法制上，對於被告自白供出自己或他人之犯罪事實，或並因而查獲其他共犯或其他犯罪者，給予減輕或免除其刑之刑罰上處遇者，不僅刑法中有之，於刑事特別法領域中，並不算少數，此類立法，在現行之貪污治罪條例、組織犯罪防制條例、毒品危害防制條例、公職人員選舉罷免法、公民投票法、總統副總統選舉罷免法、兒童及少年性交易防制條例、槍砲彈藥刀械管制條例、人口販運防制法、洗錢防制法、信託業法、銀行法、信用合作社法、金融控股公司法、票券金融管理法、保險法、證券交易法、農業金融法等，均有明文，更有統合性之「證人保護法」第14條所謂「窩裡反條款」或「污點證人」之統合性立法。此部分已非本文探討範圍，詳細論述，請參見劉邦繡，〈貪污、毒品、槍砲案件被告自白減刑之研究－以最高法院98年度台上字第448號、第3930號、第3492號三件判決爲探討〉，《軍法專刊》，第56卷第1期，頁64至90，2010年2月。
[6] 劉邦繡，〈被告犯後態度作爲法院量刑之定位〉，《司法周刊》第1520期，2010年12月2日。

　　被告之陳述屬證據方法之一種[7]，只要不是撒謊或攀誣，被告因真誠認罪而自白的供述，在證據法上一直占有極為重要之地位，這點可從昔日歐洲將之譽為「證據之王」，英美視之為「最有力的證據」，日本法上曾有「凡斷罪依口供結案」，而我國歷代均重視「首實親供」[8]。從司法實務角度觀察，對已發生之犯罪案件最了解知悉者，即為身為犯罪者之被告，如能獲得被告之自白，不僅能順利破案，亦可節省偵查、審判之時間，不論從偵查效率要求或從治安觀點，甚至是審判訴訟經濟觀點而言，尋求被告之自白或認罪陳述，不僅是偵查犯罪之上策，也是法院審判調查證據之核心。自白作為證據法上直接證據之一種，在證據法上之重要性始終未曾受到改變，在大多數案件中，被告自白只要存有可信度，在理論的推論下將成為被告有罪之決定性證據，被告認罪陳述或自白這一供述證據，可謂支配刑事司法程序圓滿運作的關鍵，足見自白在作為犯罪證據方面，可謂有其不可代替性之地位。縱使在現代重視科學偵查與打破自白倚重下，自白之重要性亦不能忽視，在某些特定類型之犯罪更顯重要，因為

---

[7] 最高法院97年度台上字第2956號判決要旨指出：「被告之陳述亦屬證據方法之一種，為保障其陳述之自由，現行法承認被告有保持緘默之權。」94年度台上字第2677號判決要旨亦指出：「刑事訴訟法雖以被告為法院調查證據之對象，被告之陳述，固得為證據資料，惟刑事訴訟程序上，為保障被告防禦權之行使及尊重被告陳述之自由，規定被告有緘默權，即被告除有積極的陳述自由外，基於不自證己罪原則，亦有消極的不陳述自由。」92年度台上字第4003號判決要旨亦指出：「刑事被告乃程序主體者之一，有本於程序主體之地位而參與審判之權利，並藉由辯護人協助，以強化其防禦能力，落實訴訟當事人實質上之對等。又被告之陳述亦屬證據方法之一種，為保障其陳述之自由，現行法承認被告有保持緘默之權。」其餘判決不再贅引。但有學者指出，不應以被告之陳述作為取證之對象或當作發現真實之證據方法；見陳志龍，〈證據法則之修正方向〉，《月旦法學雜誌》，第52期，頁61，1999年9月。許澤天，〈自白作為有利行為人量刑的犯後訴訟表現〉，《中原財經法學》，頁10，2010年12月。

[8] 李學燈，《證據法比較》頁191，自版，1992年1月。

在某些情況之下，單憑科學證據之採取，對於犯罪行為之始末非但無法獲得明白，連犯罪行為之動機與意圖等犯罪者之內在犯意更無法推論得知。尤其是，物證通常是在取得被告自白後，其證據價值之證明力才明顯，甚且犯罪者與犯罪行為間之結合關係的證明，有時藉由被告認罪自白，才能使案件之偵查、審判獲得及時性與確定性[9]。由於被告認罪自白在證據法上重要性的地位，法院應對認罪的被告給予法律上有關刑罰量刑的寬大處理，不然認罪得不到獎賞只有傻瓜才認罪[10]。

　　在我國刑事訴訟法中規定被告陳述之用語，除自白外，亦存在不少類似自白的被告陳述（供述）模式之表意行為，如「現行犯之供述」（刑事訴訟法第88條之1第1項第1款），被告是否「認罪之答辯」後，法院決定是否適用簡式審判程序或簡易程序（刑事訴訟法第273條第1項第2款），適用簡式審判程序之被告「有罪之陳述」（刑事訴訟法第273條之1）、適用簡易程序之偵查或審理中，被告「自白犯罪」（刑事訴訟法第449條），適用量刑協商程序之被告與檢察官之「當事人雙方合意且被告認罪」（刑事訴訟法第455條之2）。被告此等「認罪之答辯」、「有罪之陳述」、「自白犯罪」、「當事人雙方合意且被告認罪」之被告供述模式後，將使法院無需依通常程序來進行審理，而得轉換刑事訟訴程序為簡

---

[9] 劉邦繡，〈貪污、毒品、槍砲案件被告自白減之研究－以最高法院98年度台上字第448號、第3930號、第3492號三件判決為探討〉，《軍法專刊》，第56卷第1期，頁66，2010年2月。

[10] 就被告在訴訟上之行為表現模式與法院量刑關係，應是『被告自白則量刑從輕』，『保持緘默或消極否認犯行則量刑上不予理會』，『積極否認犯行故為虛偽舉証則量刑從重』。參見劉邦繡，〈被告犯後態度在法院量刑上之評價─最高法院95年度台上字第701號、97年度台上字第6725號、98年度台上字第5827號判決探討〉，《軍法專刊》第57卷第1期，頁156，2011年2月，及本書第二章。

易型程序[11]；雖然法條用語有用「有罪之陳述」、或「認罪之答辯」、或「當事人雙方合意且被告認罪」，在概念上是否與自白有所區別，但即便認為有所差異，但實務上大多伴隨自白，因此，在簡式審判程序中立法者所使用的「有罪之陳述」或「認罪之答辯」[12]，與適用簡易程序之「被告自白犯罪」及協商程序之「當事人雙方合意且被告認罪」[13]概念上略為相同，本文認為均應含有傳達相關事實資訊的自白[14]，可統稱之為「認罪自白」[15]，在刑事訴訟法有關自白之規定，都可以在被告認罪中使用；故本

---

[11] 本文將刑事訴訟法第273條之1至第273條之2所規定之簡式審判程序、刑事訴訟法第七編規定之簡易程序、第七編之一規定之協商程序，乃相對於通常程序統稱為「簡易型程序」（亦有稱速審程序），相同用詞，參見林鈺雄，《刑事訴訟法(下冊)》，頁243，自版，2007年。

[12] 最高法院97年度台上字第210號判決要旨指出：所謂有罪之陳述，解釋上不僅包括對全部構成要件之承認，且須承認無何阻卻違法或阻卻責任事由存在，始足當之，倘遇有前述阻卻犯罪事由之抗辯，自難認係「有罪之陳述」，法院仍應適用通常審判程序進行審理。而被告為有罪之陳述為審判筆錄應記載之事項，自不宜空泛記載「被告為有罪之陳述」，必須相當程度具體記載被告陳述之內容。至於被告之陳述是否合於簡式審判程序所謂之有罪陳述，倘有疑義，法院應為必要之闡明。

[13] 惟實務見解則認為，「認罪協商」中之「認罪」，與被告對於自己犯罪事實之自白不同，不能望文生義而解釋為「承認犯罪」；見最高法院100年度台上字第983號、98年度台上字第5289號判決。協商程序中所謂「被告認罪」，僅係被告為達成協商合意，因應該法定程序條件所為之訴訟行為，並非自白犯罪之意，自不能解為被告承認犯罪；見最高法院99年度台上字第2665號、第4938號判決。

[14] 許澤天，〈自白作為有利行為人量刑的犯後訴訟表現〉，《中原財經法學》，頁7至8，2010年12月。本文認為依刑事訴訟法第7編之1協商程序之立法理由，協商程序係依「明案速斷，疑案慎斷」之原則，則惟有具備事實證據之明確性的明案，才得依照協商判決之餘地，更應認為刑事訴訟法第455條之2所規定協商條件之一「被告認罪」，應係與簡式審判程序適用之被告有罪之陳述含意相同，而依刑事訴訟法第273條之1，進行簡式審判程序裁定之立法理由，亦已明確說明適用簡式審判程序之被告有罪之陳述，係指被告自白。亦有見解明確指出，有罪答辯係指被告對案情、證據均無爭執，簡式審判程序乃於被告自白犯罪為有罪之答辯之情形下適用，以達明案速斷之目的；參見於林俊益，《刑事訴訟法論（下冊）》，頁234，學林文化，2003年。

[15] 參照林鈺雄，《刑事訴訟法(下冊)》，頁271之註26，自版，2007年；吳巡龍，《新刑事

文勸諭被告認罪陳述所指稱之「認罪」，亦是指含有傳達相關犯罪事實之自白供述，即「認罪自白」之意[16]。

刑事訴訟目的不可能僅由法院以刑事審判程序來完成，大多數刑事訴訟，終結於有罪答辯（或稱認罪）的作出，認定罪行的主要方式是有罪答辯，而不是審判。人們廣泛認為，進入審判的刑事訴訟數量的顯著增加，會導致刑事司法制度的崩潰，只要被告同意，便不經審判而終結刑事程序，這明顯對社會有好處[17]。刑事案件，不僅應依案件侵害法益及繁雜之不同，採取分流處理之機制；當被告認罪，在刑事訴訟法上更有其對應處理模式與機制。既有慎重程序以徹底查明真相的案件，也有採用比較簡單的程序處理，還有使用刑罰以外的方法予以解決。法院、檢察官都應有處理一部分刑事案件的機制與權限，在檢察官偵查階段，有一些案件被汰除，另外一些進入下一個法院審判階段，這種案件在通過刑事程序過程中，數量減少的過程彷彿液體通過一個漏斗，只有一小部分流過整個程序過程，最後達到定罪和判刑階段[18]；只有這樣才可以發揮刑事司法的整體

訴訟制度與證據法則》，頁94，學林文化公司，2003年。本文認為依據我國協商程序之適用，僅得就量刑為協商，不得就罪名進行協商，故稱之為被告認罪量刑協商，應係一種檢察官於案件審理階段，勸諭被告認罪自白，並允諾其若認罪自白，可以就被訴犯罪事實所犯罪名之刑度，協商獲得較輕刑度，故我國協商程序之運作，乃在下列前提：(一)被告承認追訴之事實，(二)追訴事實的評價關係認定一致，(三)刑度範圍合意，(四)得以作協商判決，乃在檢察官與被告合意事項亦為法院所接受；見劉邦繡〈我國認罪協商程序之實務運作〉，收錄氏著《檢察官職權行使之實務與理論》一書，頁249，五南圖書，2008年。

[16] 自白與認罪都是被告對於犯罪事實的承認，只是在不同程序使用不同名稱而已，二者有內在關聯，自白是有罪答辯做出基礎與條件，故認罪在性質上仍不失為自白的一種。

[17] 參見【美】Herbert L. Packer（哈伯特‧帕克）著，梁根林等譯，《刑事制裁的界線》，頁218至219，北京.法律出版社，2008年。

[18] 依據各地檢署偵字案件終結情形之統計資料，民國99年度檢察官偵查終結後有犯罪嫌者占所有偵字案件56.2%，其中對被告為緩起訴處分占16.3%，依職權不起訴處分者占2.5%，聲請簡易判決者占42.8%，依通常程序提起公訴者占38.4%。其他罪嫌不足等不起處分者占

作用，有效而迅速地處理案件。故刑事案件之處理，視案件之輕微或重大，或視被告對於起訴事實有無爭執，而異其處理之訴訟程序或簡化證據之調查，一方面可合理分配司法資源的利用，且可減輕法院審理案件之負擔，以達訴訟經濟之要求；另一方面亦可使訴訟儘速終結，讓被告免於訟累，達到明案速判，疑案慎斷。

　　刑事案件的類型多種多樣，既有殺人或販毒這種重大案件，也有輕微的如一般盜竊、毀損的案件。既有否認案件，也有自首和坦白認罪的案件，對應上述多種多樣類型的刑事案件，在刑事訴訟即有採行多樣化的刑事司法程序，把各類案件分成若干類型，規定適應各種類型的刑事司法程序，使特定類型案件實際情況，以相應允當、公正，有效地處理。特別是在犯罪的性質並非重罪，被告自己認罪的情況下，被告本人及司法體系參予者，均希望以簡易迅速的程序結束案件，對應地適用簡單迅速的刑事訴訟程序，並無背離公共利益與人權之維護，應是符合刑事司法保持公正的程序。被告經由合法訊問後自願的認罪自白，不僅在證據法上有其重要性，在如何適用刑事訴訟處理機制及量刑上更屬重要審酌因素。因為案件有無被告認罪自白，刑事訴訟乃發展出基於以被告認罪自白為前提的刑事訴訟分流處理機制[19]，大大地提高了刑事訴訟的效率[20]。例如我國檢察官偵查

28.7%，其他15.1%。見http://www.moj.gov.tw/ct.asp?xItem=126021&CtNode=27442&mp=001（2011年6月10日瀏覽）

[19] 參見〔德〕Prof. Dr. Hans-Jürgen Kerner著，許澤天、薛智仁譯，《德國刑事追訴與制裁》，頁182，元照出版，2008年。

[20] 依據司法院統計各地方法院所受理之刑事案件，於2009年、2010年全年新收通常程序之案件各有102647件、103484件，而簡易案件則各為112186件、111159件，簡易案件較通常案件為多。見http://www.judicial.gov.tw/juds/99all.pdf（2011年6月10日瀏覽）。

終結的緩起訴處分[21]或職權不起訴處分機制，或法院審理程序的簡式審判程序[22]、簡易判決處刑程序[23]和認罪協商程序[24]之適用前提要件，即是被告

---

[21] 就緩起訴來說，現行刑事訴訟法未要求緩起訴一定要以被告同意為前提，而只是在命被告為金錢給付、勞務給付及處遇措施的部分（刑事訴訟法第253條之2第1項第3款至第6款），鑑於涉及被告人身自由及財產的拘束，且產生未經裁判即終局處理案件之實質效果，才應得被告的同意（立法理由）。此處的同意，似不以被告提供能夠說明犯罪事實資訊的自白為前提，也不以被告認罪為必要，而僅考慮被告對檢察官所課負擔的接受意思。然而，若是許可被告拒絕承認罪刑，卻課與支付金錢的負擔，將被人質疑是在讓被告「花錢買自由」，除損害社會大眾的法感情，也無助避免再犯的特別預防功能；因此檢察官為緩起訴處分似應以被告認罪為前提。採此見解，見許澤天，〈自白作為有利行為人量刑的犯後訴訟表現〉，《中原財經法學》，頁9，2010年12月。本文認為此見解，極為可採。

[22] 刑事訴訟法第273-1條第1項（進行簡式審判程序之裁定）
除被告所犯為死刑、無期徒刑、最輕本刑為三年以上有期徒刑之罪或高等法院管轄第一審案件者外，於前條第一項程序進行中，被告先就被訴事實為有罪之陳述時，審判長得告知被告簡式審判程序之旨，並聽取當事人、代理人、辯護人及輔佐人之意見後，裁定進行簡式審判程序。

[23] 刑事訴訟法第449條（聲請簡易判決之要件）
第一審法院依被告在偵查中之自白或其他現存之證據，已足認定其犯罪者，得因檢察官之聲請，不經通常審判程序，逕以簡易判決處刑。但有必要時，應於處刑前訊問被告。
前項案件檢察官依通常程序起訴，經被告自白犯罪，法院認為宜以簡易判決處刑者，得不經通常審判程序，逕以簡易判決處刑。
依前二項規定所科之刑以宣告緩刑、得易科罰金或得易服社會勞動之有期徒刑及拘役或罰金為限。

[24] 刑事訴訟法第455-2條（協商程序之聲請）
除所犯為死刑、無期徒刑、最輕本刑三年以上有期徒刑之罪或高等法院管轄第一審案件者外，案件經檢察官提起公訴或聲請簡易判決處刑，於第一審言詞辯論終結前或簡易判決處刑前，檢察官得於徵詢被害人之意見後，逕行或依被告或其代理人、辯護人之請求，經法院同意，就下列事項於審判外進行協商，經當事人雙方合意且被告認罪者，由檢察官聲請法院改依協商程序而為判決：
一、被告願受科刑之範圍或願意接受緩刑之宣告。
二、被告向被害人道歉。
三、被告支付相當數額之賠償金。
四、被告向公庫或指定之公益團體、地方自治團體支付一定之金額。
檢察官就前項第二款、第三款事項與被告協商，應得被害人之同意。
第一項之協商期間不得逾三十日。

之自白或認罪之陳述。

　　司法機關透過被告自白或認罪或有罪之陳述，作為發現真實之方法，一方面可節省許多證據調查時間，另方面將簡化法院原本複雜的審判程序，我國刑事訴訟法在偵查階段或審判階段，均有規範以被告認罪自白為基礎，採行多樣化的刑事司法程序，例如偵查中的檢察官職權不起訴處分、緩起訴處分，於法院審判程序中，則有被告認罪後之證據調查程序簡化之簡式審判程序，以及不須經證據調查、言詞辯論，僅於法院認為必要時在處刑前訊問被告，逕以書面審理之簡易判決處刑之簡易程序。此等規範相對於「通常程序」之「簡易型程序」（即簡式審判、簡易判決、協商程序）中，要求在被告為「有罪之陳述」（刑事訴訟法第273條之1）、或自白（刑事訴訟法第449條）或被告與檢察官之「合意且認罪」（刑事訴訟法第455條之2）下，依簡易型程序進行判決，法院便無需依照通常程序來進行審理而判決被告有罪並科處刑罰之法律效果[25]。而在偵查階段檢察官對被告犯罪事實不予以訴追決定之緩起訴或職權不起訴處分[26]，檢察官所應審酌刑法第57條所列事項，其中一項之被告犯後之態度，即涉及被告是否坦承犯行。由此可見，被告認罪自白之陳述，無論是偵查階段的緩起訴或職權不起訴，或者法院審理階段簡易型程序的簡式審判、簡易判決處刑或

---

[25] 林鈺雄，《刑事訴訟法（下冊）》，頁246，自版，2007年。
[26] 刑事訴訟法第253條（職權不起訴案件）
第三百七十六條所規定之案件，檢察官參酌刑法第五十七條所列事項，認為以不起訴為適當者，得為不起訴之處分。
刑事訴訟法第253-1條第1項（緩起訴處分之適用範圍及期間）
被告所犯為死刑、無期徒刑或最輕本刑三年以上有期徒刑以外之罪，檢察官參酌刑法第五十七條所列事項及公共利益之維護，認以緩起訴為適當者，得定一年以上三年以下之緩起訴期間為緩起訴處分，其期間自緩起訴處分確定之日起算。

協商程序，均具有使刑事追訴程序提早結束或簡化之功能（詳下再述）。

　　綜上所述，被告於檢察官或法官訊問時，是否就犯罪事實爲認罪，不僅涉及實體法上被告犯罪事實之判斷，亦涉及刑事訴訟法上規範輕罪明案處理程序以包含職權不起訴、緩起訴、簡式程序、簡易程序、協商程序及其他可能有效率之對應處理程序機制之適用。正因爲犯罪不斷增加，司法資源有限，執法者利用各種不同方式與被告協商、與被告爲某種條件之交換，以求得刑事案件快速解決，俾減少法院的負荷，似已成爲世界性的刑事訴訟新潮流[27]。因此，國家的刑事法律體系，應制定認罪即寬大處理的刑事法規，採取鼓勵大多數被告作認罪陳述的刑事司法體系，似乎是不得不的走向[28]。

三、被告認罪陳述在刑事訴訟法上對應處理機制

(一)檢察官偵查階段

　　刑法第57條第10款即是被告「犯罪後之態度」，此犯後態度，包括

---

[27] 王兆鵬，《刑事被告的憲法權利》，頁259，國立臺灣大學法學叢書（116），1999年。
[28] 司法院「刑事訴訟改革成效評估委員會」第四次會議，繼續研議刑訴新制未來可能的調整方向，認爲刑事案件因輕重與繁簡性質不同，分別採取不同主軸的訴訟程序，將案件依其是「重罪、疑案」，或「輕罪、明案」而爲不同的處理。在「重罪、疑案」部分，由於當事人或爭議犯罪事實成立與否，或案件如經有罪判決確定被告受重判的可能性極高，對於當事人權利影響甚大，應由當事人積極參與、主導整個訴訟程序，設計深化當事人進行精神爲主軸的訴訟程序。至於「輕罪、明案」，當事人對於犯罪事實多不爭執，此時採取簡單、快捷及便宜的方式，若案件無辯護人爲被告辯護，由法官發揮澄清、照顧義務，設計融入職權進行精神的訴訟程序，將有助於被告早日脫離訟累並合理分配司法資源，充分發揮不同種類程序的效能，貫徹各程序的精神。見司法院司改新訊新聞稿http://jirs.judicial.gov.tw/GNNWS/NNWSS002.asp?id=65711（2011年6月10日瀏覽）

行爲後的態度與在刑事程序中的態度，均是不可忽視的法定刑罰裁量事實[29]；故被告是否認罪坦承犯行、有無進行辯解或抗辯之情形，當屬於刑法第57條第10款「犯罪後之態度」判斷事由[30]。檢察官於偵辦刑事訴訟法第376條所規定之案件，參酌刑法第57條所列事項，認爲以不起訴爲適當者，得爲不起訴之處分，刑事訴訟法第253條定有明文，此即檢察官之微罪職權不起訴（或稱相對不起訴）制度。又現行刑事訴訟法採行檢察官起訴猶豫制度，於同法第253條之1規定，許由檢察官對於死刑、無期徒刑或最輕本刑三年以上有期徒刑以外之罪之案件，得參酌刑法第57條所列事項及公共利益之維護，認爲適當者，予以緩起訴處分，期間爲一年以上三年以下，以觀察犯罪行爲人有無施以刑法所定刑事處罰之必要，爲介於起訴及微罪職權不起訴間之緩衝制度設計。就緩起訴來說，現行刑事訴訟法未要求緩起訴一定要以被告同意爲前提，而只是在命被告爲金錢給付、勞務給付及處遇措施的部分需得被告同意（刑事訴訟法第253條之2第1項第3款至第6款），此處的同意，似不以被告提供能夠說明犯罪事實資訊的自白爲前提，也不以被告認罪爲必要，而僅考慮被告對檢察官所課負擔的接受意思；然而，若是許可被告不認罪而拒絕承認罪刑，卻在課與緩起訴所附條件之履行事項上要經被告之同意，不無矛盾無難以想像，因此檢察官爲緩起訴處分時應當以被告認罪爲前提[31]；故依據刑事訴訟法第253條及第

---

[29] 林山田，刑法通論（下冊），頁500，自版，2002年。

[30] 劉邦繡，〈被告犯後態度在法院量刑上之評價—最高法院95年度台上字第701號、97年度台上字第6725號、98年度台上字第5827號判決探討〉，《軍法專刊》第57卷第1期，頁148，2011年2月，及本書第2章。

[31] 參照許澤天，〈自白作爲有利行爲人量刑的犯後訴訟表現〉，《中原財經法學》，頁9，2010年12月。郭春慧，《從協商程序談被告自由意志之保障》國立成功大學法律學研究所碩士論文，頁57，2007年。

253條之1所規定的起訴裁量權，即使檢察官偵查後認有足夠的證據得起訴被告某一案件時，然經參酌刑法第57條所列事項之被告犯後度如已坦承犯行而為認罪之陳述，並考量行為人的性格、年齡、環境、犯罪輕重、犯罪情狀及犯罪後的狀況，認為無追訴之必要時，始得以職權不起訴或緩起訴而不提起公訴。

又現行刑事訴訟法「適用簡易程序上偵查中之認罪協商」程序，是民國86年12月19日公布修正刑訴法時，引進美國認罪協商制度之精神所創設，將第451條之1第1項原有關於被告就願受科刑範圍表示權之規定予以擴充修正為：「前條第一項之案件，被告於偵查中自白者，得向檢察官表示願受科刑之範圍或願意接受緩刑之宣告，檢察官同意者，應記明筆錄，並即以被告之表示為基礎，向法院求刑或為緩刑宣告之請求。」創設輕微案件聲請簡易判決處刑前「偵查中之認罪協商」程序[32]；故根據被告在偵查中之自白或其他現存之證據，已足認定其犯罪者，檢察官審酌案件情節，認為宜以簡易判決處刑者，應即以書面向法院逕聲請簡易判決處刑，而被告於偵查中自白者，得向檢察官表示願受科刑之範圍或願意接受緩刑之宣告，檢察官同意者，應記明筆錄，並即以被告之表示為基礎，向法院求刑或為緩刑宣告之請求；刑事訴訟法第449條第1項、第451條第1項、第451條之1第1項均定有明文。縱上所述，檢察官在偵查案件的過程中，被告是否願意作認罪之陳述而自白，此一犯罪後態度及狀況，應該是檢察官行使起訴裁量就其所犯之案件，選擇是否為職權不起訴處分、緩起訴處分或聲請簡易判決處刑之重要考量因素。

---

[32] 劉邦繡，〈當事人達成求刑協商在法院量刑上之定位—最高法院97年度台非字第115號、95年度台非字第281號判決之探討〉，《法令月刊》第61卷第11期，頁58至60，2010年11月，及本書第三章。

(二)法官審理階段

　　刑事案件之處理，視案件之輕微或重大，或視被告對於起訴事實有無爭執，而異其審理之訴訟程序或簡化證據之調查，一方面可合理分配司法資源的利用，且可減輕法院審理案件之負擔，以達訴訟經濟之要求；另一方面亦可使訴訟儘速終結，讓被告免於訟累。是以檢察官不論起訴之形式為通常程序之提起公訴或為簡易程序之聲請簡易處刑，法院均得在法定條件允許的裁量範圍下，自為程序之轉換，而此法定條件之一即是被告是否認罪或自白[33]；因此，刑事訴訟法第273條第1項第2款規定，法院於行準備程序時，法官訊問被告對檢察官起訴事實是否為認罪之答辯，及決定可否適用簡式審判程序或簡易程序，而第273條之1第1項更規定，因被告於準備程序中，先作有罪之陳述後，法院得裁定由通常程序轉換為簡式審判程序；另在刑事訴訴訟法第449條第2項則規定，案件檢察官依通常程序起訴，經被告自白犯罪，法院認宜以簡易判刑者，得不經通常審判程序逕以簡易判決處刑之轉換為簡易程序；又在刑事訴訟法第455條之2第1項亦規定，因被告與檢察官合意且被告認罪，法院由通常程序或簡式審判程序或簡易程序中轉換為協商程序，由檢察官與被告在審判外進行認罪量刑協商，此協商雖非由被告與法院對應為之，但以被告有認罪之陳述為前提，而所謂「認罪」，即被告請求就檢察官起訴之某罪名為有罪判決之意，而所謂「協商」，即被告請求就所認之罪協商刑期之意，屬被告直接對於發生刑事實體法效果之「罪」與「刑」所為之意思表示。

　　在美國刑事訴訟中有罪答辯的數量非常之高，因此，有罪答辯程序具

---

[33] 參見許冰芬，《刑事訴訟程序之轉換》，國立中正大學法律學研究所碩士論文，頁39至40，2006年。

有非常重要的現實意義[34]，這在我國法院依據被告認罪之陳述而定罪之簡易程序、簡式審判案件，亦屬相同情形[35]。可見被告是否作認罪自白之陳述，在我國在刑事訴訟法之地位極為重要，且對應處理機制之訴訟程序亦有所不同。因此，被告在法院審理過程中，經法官訊問其被訴犯罪事實時是否為認罪自白之陳述，涉及法院究應適用之審判程序為通常審判程序、簡式審判程序或簡易程序以及得否為協商判決之程序轉換，至屬關鍵。

四、法官或檢察官得否勸諭被告認罪

當司法機關未掌握有利的罪證，通常被告是不會屈服認罪的，這是人自我保護的必然結果，因此，對於那種「因良心譴責而認罪」的結果應該抱持相當的懷疑，這種認罪很可能是不實的[36]；被告於偵查或審判程序進行中，被告行使其防禦權的辯解，被告可以作出無罪、不爭辯或者有罪的三種答辯。而前已論述被告在偵查或法院審理過程中，是否為認罪自白陳述，涉及檢察官是否處分緩起訴或職權不起訴之決定，也與法院究應適用

---

[34] 於美國2001年聯邦系統作出的67731個有罪判決中，其中64402個，正好超過95%是有罪答辯或不爭辯答辯的結果，而2000年，在州法院系統，同樣有95%的有罪判決來自有罪答辯。見【美】德雷斯勒，【美】邁克爾斯著，吳宏耀譯：《美國刑事訴訟法精解（第二卷・刑事審判）》，頁168，北京大學出版社，2009年。

[35] 民國92年起刑事訴訟法實行簡式審判程序及協商程序之新訴訟制度後，依據司法統計發現：92年9月至93年8月全國各地方法院終結簡易程序案件57,651件，占46.78%。而檢察官依通常程序起訴之案件為50.651件，占46.78%，其中法院依簡式審判程序終結者即佔三成八，並逐年增加。見司法院統計網站http://www.judicial.gov.tw/juds/index1.htm（2011年6月10日瀏覽）

[36] 【美】佛瑞德・英包，【美】約翰・萊德，【美】約瑟夫・巴克來等著，高忠義譯，《刑事偵訊與自白》，頁258，商周出版，2001年。

之審判程序為通常審判程序、簡式審判程序或簡易程序以及得否為協商判決之決定與程序轉換，至屬關鍵；更聯繫到刑事政策上，法律及實務之操作是否應當鼓勵被告作認罪陳述之疑慮？以及法官或檢察官除應於訊問被告前告知刑事訴法第95條得保持緘默等權利外，可否以積極主動方式在訊問被告過程中，勸諭被告作認罪自白陳述之質疑？

　　刑事訴訟法既然要求辦理刑事訴訟程序之公務員應發現真實，並為保障被告之防禦權，尊重其陳述之自由，包括消極不陳述與積極陳述之自由，前者賦予保持緘默之權，後者則享有無須違背自己之意思而為陳述之權，此外，被告尚得行使辯明權，以辯明犯罪嫌疑，並就辯明事項始末連續陳述；於審判期日調查證據完畢後，更得就事實及法律辯論之，此乃基於保障被告防禦權而設之陳述自由、辯明及辯解（辯護）權[37]。作為擁有緘默權及辯護權的被告，被告對自己的辯護權可以自由的由自己行使，或委由辯護律師行使之，也可以自願地放棄辯護權及緘默權，當然被告選擇放棄自己的辯護權，也可以保持緘默——概不做無罪的辯解，也不做有罪之自白，亦可以自願地做出認罪之供述；從被告行使訴訟上之防禦權角度觀察之，被告有三種選擇方式：一是無罪辯解，二是保持緘默，三是有罪陳述。固然被告保持緘默或否認犯罪，應屬基於防禦權之行使，但被告在緘默權保障下所為之任意陳述，坦承犯行，不惟可節省訴訟勞費，使明案速判，更屬其人格更生之表徵，法院量刑時予以科刑上減輕之審酌，亦屬公允[38]。立法者或司法者站在鼓勵犯後之態度或行為良好，而予以減輕其

---

[37] 參見最高法院97年度台上字第6725號判決。
[38] 參見最高法院98年度台上字第5827號、第935號、第3630號、第4286號、第4312號、第6746號、第7050號判決。

刑，應屬合情合理與合法[39]。在比較法上以美國法院量刑法則與實務上而言，被告坦白犯行認罪越早，享有刑度上之減輕越多[40]；在我國法院審理時之實務操作上，法官面對被告罪證明確時，會勸諭被告認罪，不希望被告受高度刑罰，法官勸諭同時語言會比較嚴肅，如此能不再纏訟，亦可節省司法資源，故法官行準備程序時會訊問被告是否認罪，若被告認罪則除強制辯護案件之外，可改為簡式或簡易判決審結，然依照相關事證認為事證已經很明確，而被告不認罪，一般而言法官會先勸諭被告認罪，因為認罪的話刑度會較輕對被告較有利，若被告否認犯罪，是按一般規定行準備程序，依照刑事訴訟法規定有一定的流程及範圍，整理爭點及整理證據的鋪陳，不會介入實體事項[41]。而在我國實務上之見解[42]，亦認為被告在訴訟上之行為表現模式與法院量刑關係，是「被告自白則量刑從輕」，「保持緘默或消極否認犯行則量刑上不予理會」，「積極否認犯行故為虛偽攀誣則量刑從重」[43]；因此，檢察官或法官以勸誘、誘導、教導或曉諭方

---

[39] 有學者認為：在法院主動發起協商時，身處其宰制下的被告，面對無法透析或掌握的法院心證形成過程與量刑空間，又豈敢不配合法院迅速結案的需求與要求！因為，法院在此已非追求國家刑罰權適當行使的公正機關，而是與被告緘默利益對立的「另造」，以追求迅速結案。見許澤天，上揭文，頁46至47。

[40] 美國量刑指導法則之第三章調整規則，即有規定承擔罪責之調整，當被告在自己偵查或起訴中之案件中協助司法機關訴訟程式進行並有意願作認罪答辯者，從而使法院有效率利用司法資源而訴訟經濟，得減少原先量刑指導法則所定犯罪刑度級數之二級之外，再減少一級。參見許金釵，〈美國聯邦量刑準據之研究─兼論我國建立量刑準據之可行性〉，出國報告，2006年，頁23；全文亦刊載：政府出版資料回應網http://open.nat.gov.tw/OpenFront/report/show_file.jsp?sysId=C09401970&fileNo=001。以及呂忠梅，《美國量刑指南-美國法官的刑事審判手冊》，北京法律出版社，2006年，頁316至318。

[41] 參見台灣高雄地方法院99年度「臺灣高雄地方法院法官與轄區律師座談會」會議紀錄提案八討論。

[42] 參照最高法院98年度台上字第5827號、95年度台上字第第701號判決。

[43] 劉邦繡，〈被告犯後態度作為法院量刑之定位〉，《司法周刊》，第1520期，2010年12月2

式，使被告作認罪之陳述而自白犯罪，並承諾給予被告某種法律上量刑上審酌之利益，並無背離公理與正義，尚屬公允，也是在刑事政策應有的走向[44]。

雖有實務見解認為被告是否自白，屬其訴訟上之基本權利，法院既無促使被告為自白之權能，則被告是否因己意發動或律師協助而自白以邀獲減輕其刑之寬典，要屬自白後之實體法適用之問題，法院訴訟程序中並無曉諭之義務[45]。惟本文認為檢察官或法官於訴訟程序進行中，勸諭或曉諭被告作認罪自白之陳述，雖非其義務但仍可本於發現真實之職權為之，此並未逾越法律限制或正當法律程序；況且實施刑事訴訟程序之公務員，就該管案件，應於被告有利及不利之情形，一律注意，刑事訴訟法第2條第1項定有明文，而所謂「有利及不利之情形」，則不以認定事實為限，凡有關訴訟資料及其他一切情形，均應為同等之注意；其不利於被告之情形有疑問者，倘不能為不利之證明時，即不得為不利之認定；亦有實務上之見解，認為審判長指揮訴訟，對於被告有利、不利之情形，自應一律注意，其依調查證據所得心證，勸諭被告坦承犯行，乃係依刑法第57條第10款審

日。而相同見解，如王士帆，《不自證己罪原則》，春風煦日學術基金，2007年，頁127；著者即指出在被告不自證己罪原則下之刑罰裁量應採取：「被告自白減輕、緘默不理、說謊加重。」。另如許金鈴，〈美國聯邦量刑準據之研究—兼論我國建立量刑準據之可行性〉，出國報告，2006年，頁21；著者同樣指出我國應參考美國量刑準據§3C1.1規定，當被告為其犯行意圖且實施阻礙司法調查、偵查或量刑程序之行為，當被告罪責成立時，其所犯之犯行量刑應予增加級數。

[44] 法官明確地表示，作出有罪答辯的被告人，與堅持讓政府付出審判的時間和代價的被告人相比，可以在量刑上得到更大寬容，這樣的作法也是完全適當的。見【美】Herbert L. Packer（哈伯特‧帕克）著，梁根林等譯，《刑事制裁的界線》，頁219，北京，法律出版社，2008年。

[45] 最高法院99年度台上字第3833號判決。

酌被告犯罪後之態度，資爲量刑之基礎，難認有何詐欺、脅迫之情[46]。在德國如警察對被告爲喚醒其記憶而爲其告知，如其就犯罪之重要證據有所自白，此在量刑時對其有利，此種告知應屬合法的[47]；此在檢察官或法官訊問被告時，亦應同此法理。而在我國實務上之見解，諸如對被告陳析案卷內之相關證據，告以認罪或否認犯罪之利弊得失，並希冀被告能對所爲之犯行據實陳述，衡情僅屬一種勸誘認罪之訊問手法，至於被告欲爲何等之陳述，或願否坦承犯行，仍有完全自由之意志得以決定，檢察官除上開勸諭或曉諭之訊問外，並無施以任何強暴、脅迫、恐嚇等非法手段，則被告是否做認罪自白之陳述，仍可本其自由意志而爲之，故檢察官於偵訊過程提示證據、質疑被告供述、勸諭或詢問被告是否認罪、曉諭犯後態度等情，衡係本於刑事訴訟法第2條第1項規定：「實施刑事訴訟程序之公務員，就該管案件，應於被告有利及不利之情形，一律注意。」使然，並得引據爲日後求刑或其他調查事證之參考，容未逾越法律限制或正當法律程序[48]；或如實務見解認爲法官在訊問被告時，告知其被訴犯罪事實如自白在法律上可以減輕其刑，並數度提醒被告本諸自由意志而爲陳述，乃踐行實施刑事訴訟之公務員對於被告有利不利之情形，均一律注意之規定，並適時曉諭被告注意自身權益，其承認犯罪與否自有相當之決定權，乃係基於對自身利害關係之考量後所爲任意性之自白[49]。由此可見，不僅在刑事訴訟法上並無禁止司法人員於訊問被告時，以合法方式勸諭被告作認罪自白之陳述，甚且認爲此爲司法人員在司法實務上合法之訊問技巧，如首開

---

[46] 見臺灣高等法院99年度聲再字第124號裁定。
[47] 參見〔德〕Claus Roxin著，吳麗琪譯，《德國刑事訴訟法》，頁268，三民書局，1998年。
[48] 見臺灣高等法院臺中分院98年度交上訴字第1320號判決。
[49] 見臺灣高等法院臺中分院99年度上訴字第2201號判決。

最高法院99年度台上字第3747號、第7055號二則判決中已明確指出，法院為利眞實之發現、訴訟程序之進行或其他考量，基於法律賦與審酌量刑之裁量權限，在裁量權限內勸諭被告如實供述，則屬合法之作爲；而法律賦予刑事追訴機關對於特定處分有裁量空間，在裁量權限內之技術性使用，以促成被告或犯罪嫌疑人供述，則屬合法之偵訊作爲。可見實務上之見解，是肯定檢察官或法官以合法訊問方式勸諭被告作認罪自白之陳述。

　　綜上所述，刑事訴訟之眞實發現有其極限，司法機關既然無法完全發現眞實，則在制度上設計使被告在減刑或量刑上之誘因下，藉由認罪陳述或自白參與眞實之發現，而使國家刑罰權早日確定，當無不可，故本文認爲，從訴訟經濟與有效使用司法資源之角度而言，就證據明確之案件，法官或檢察官勸諭被告認罪，以免除當事人之訟累，應爲法所許；而基於鼓勵被告自白認罪以啓自新，並促使案件儘早確定之刑事政策考量，就實體事項規定符合特定條件者，得減輕其刑或量刑予以審酌，則法官或檢察官允諾被告以法律上之利益，以合法訊問方式勸諭被告認罪自白，如係一種告知訊息之「誘導」、「教導」或「曉諭」，乃一種建議性質，被告在接受此勸諭之訊息時，在其仍享有作決定陳述與否之自由下，因該勸諭後在自由意識衡量而作認罪自白之陳述，難認爲有違反被告緘默權之行使，惟勸諭認罪應對被告分析證據而就案情已相當明瞭爲前提，於勸諭過程應告知勸諭之理由，闡述案件內現有證據之證明程度，更應使被告瞭解其不接受勸諭認罪，在訴訟程序上之權利並不會被剝奪，法院仍應依通常程序審理。如認爲被告並無犯罪嫌疑或應受無罪之判決，即不適宜對勸諭被告認罪，在勸諭過程中，勸諭應屬檢察官或法官與被告間溝通之過程，如勸諭之內容，已完全背離告知之「誘導」、「教導」或「曉諭」單純建議之性質，即非勸諭認罪自白，而是以進入到恐嚇或脅迫自白之範疇內，屬非法

之訊問[50]，即非屬勸諭認罪[51]。

五、勸諭被告認罪陳述與被告陳述之自由意志

　　自白是否於個人自由意志發動之自白任意性定義，應從被告陳述時所具備主觀及客觀情況予以綜合判斷之，不能從單一標準論斷[52]；人的陳述所具有之自由程度，不是單純二分法的全有或全無，而是有程度之分，在具體個案上如何認定判斷被告認罪自白之陳述，有無違反其意思決定自由而不具有任意性，並非容易而單純的。被告接受司法人員（包括司法警察、檢察官及法官）訊問時[53]，得保持緘默已如前所述，但被告作任何舉

---

[50] 根據實徵研究律師對台灣台中地方法院法官在法庭內不當言行舉止的問卷分析，律師認為法官以不當勸諭被告認罪之方式有：「趕快認一認，這種事你還要多少人知道」、「恐嚇加重刑責，要求被告認罪」、「軟硬兼施，一昧迫使被告認罪」、「以幾近恐嚇之言語，要求被告認罪」、「逼迫被告認罪，動輒以不認罪日後會判更重等語，造成被告壓力，且有未審先判之虞」、「先入為主，未審先判，首次庭訊未釐清證據是否有利於被告前，就數次說明：我看你還是認了吧，認了比較輕」、「準備程序中尚未調查證據，惟受命法官已有心證，例如問被告：你真的不認罪嗎？」、「急勸被告認罪，恐嚇被告如浪費司法資源，將判重刑」等等；參見，戴嘉慧，《法官法庭內言行舉止之研究》，頁36至38，台灣台中地方法院99年度研究發展報告，2010年11月。

[51] 本文附件一之檢察官及法官勸諭被告認罪之內容（請參閱），應屬於建議性質之勸諭或曉諭認罪；而附件二之法官勸諭內容（請參閱），拙見認為已非屬單純建議性質，亦不屬誘餌式之建議，而較屬於威脅恐嚇之告知。詳下再述。

[52] 最高法院96年度台上字第3102號判決要旨指出，決定自白是否出於任意性，應就客觀之訊問方法及被告主觀之自由意思，綜合全部事實而為具體之判斷。

[53] 本文為免論述繁雜，焦點主要集中在檢察官及法官訊問被告時，勸諭被告作認罪自白陳述之探討。至於司法警察方面，僅於必要時提及之，併此敘明。惟實務見解有指出，司法警察官或司法警察因調查犯罪，於詢問犯罪嫌疑人時使用所謂之「訊問技巧」以取得犯罪嫌疑人之自白，必須建構在法定取證規範上可容許之範圍內，始足當之。倘若逸出上開可容許之範圍而取得自白，即難謂係合法之「訊問技巧」而肯認其自白證據能力（見最高法院

動會受到諸多因素影響變數甚多，如其自動放棄緘默權之行使，其陳述與否之自由程度，絕對不是單純二分法的全有或全無，而是有程度之分。在檢察官或法官訊問時所提出之單純建議，被告接收該建議訊息後，即使不接受該建議，對其自身權益不會造成任何損害時，被告應享有絕對陳述之自由；如被告對訊問者提出有利建議的意見，會造成其內心一定的壓力，但並不具有強制性（可稱之為誘餌式建議），而被告仍享有衡量斟酌之情況，縱然不接受該意見，對他自身權益也不會造成任何的影響，仍應認為被告接收該建議訊息，亦享有決定陳述與否之自由。但相對的，如訊問者以無法抵抗或難以抗拒或非法之要求如恐嚇、脅迫、疲勞或鬼神、斥責、怒罵之訊問，讓被告所享有自由決定之空間被壓縮很小；或者是以物理性之強制力如強暴對待被告，使被告毫無選擇陳述與否之餘地，則被告之陳述與否，即應認為無從出於自由意志之決定。

　　刑事訴訟法第98條暨第156條第1項不正方法訊問禁止規範目的，係在保障被告陳述意思決定及意思活動之自由，確保自白之任意性；被告雖陷於刑事訴追之窘境中，仍為刑事訴訟之主體，自應給予決定是否陳述及如何陳述之自由。用於取得被告認罪自白或有罪答辯的程序，是否足以保證被告自願地、明知其後果，這在衡量當檢察官或法官以刑罰優惠之量刑或法定減刑勸諭被告作認罪自白之陳述，所享有陳述之自由程度如何？極為重要。固然被告可能難以抗拒法官或檢察官所勸諭提供量刑上或法定減刑之法律上利益之建議，但被告拒絕之，其仍有選擇依通常程序審判之機

97年度台上字第706號判決）。但司法警察如對犯罪嫌疑人表示「會助其一臂之力」，或告以自白就一定不會被羈押、可獲緩刑之宣告，乃係對被詢問者承諾法律所未規定之利益，使信以為真，或故意扭曲事實，影響被詢問者之意思決定自由，則屬取證規範上所禁止之不正方法（見最高法院100年度台上字第540號判決）。

會，在訴訟上的權益並不會遭受剝奪，此即上述所稱提供被告「單純建議或誘餌建議」，故其陳述仍具有任意性。實務上見解認為，檢察官對被告分析不同行為在法律上之輕重評價亦不相同，如被告供出來源因而破獲尚可據以減刑，甚至有破案獎金可拿，如認被告所涉案情並不嚴重，亦不無交保之可能，乃曉諭被告斟酌輕重據實供述。是被告斟酌後供出上情，且與所自白內容參互以觀，供述之任意性並不因檢察官前揭曉諭而受影響[54]；又如被告是否為緩起訴處分乃係檢察官之法定職權，當被告所犯雖為死刑、無期徒刑或最輕本刑三年以上有期徒刑以外之罪，惟是否予以緩起訴，檢察官尚有自由裁量之權限；檢察官在偵查中訊問被告時，勸諭被告自白者酌予以緩起訴處分，係屬其法定職權之行使，顯為合法之偵查手段，難認已剝奪被訊問者意思決定及意思活動之自由，故檢察官上開曉諭被告認罪自白，應認屬於檢察官法定職權之行使，難認已剝奪被告之自由意志決定及自由[55]。

　　在整個刑事司法程序中，訊問被告是檢察官或法官取得或調查供述證據的方法，但訊問並非單純的一問一答的過程而已，訊問更是一種技巧與策略，訊問者要熟悉案情，全面掌握證據，綜合分析證據資料，熟悉被告的犯罪事實和情節，對被告有罪或無罪的各種證據以及證據之間的關聯性、矛盾點能夠與被告剖析，還要能根據被告的心理狀態和表現，採取不同的訊問方式。對那些自感罪行嚴重想交代又怕受到較重處罰，存有僥倖過關心理的，採取環環緊扣的追問，並且透過同情被告或對被告表示人性關懷，或告知法律上有利事項，予以交互運用進行訊問；對於供述反覆不

---

[54] 最高法院93年度台上字第2701號，93年度台非字第203號判決。
[55] 參見臺灣高等法院95年度交上訴字第144號判決。

定的被告，發現其供述中的矛盾，抓住矛盾追問，使其難以自圓其說，在此等基礎上，使其願意認罪自白。只要被告擁有做與不做、說與不說的選擇自由，那麼被告已可認定享有至少相對之自由或甚至絕對之自由，其所作之認罪自白陳述，應認已符合任意性法則。

本文認為被告認罪自白之任意性，並不以單純出於被告之自動為必要，即經勸告曉諭後之自白，或突然之自白，仍不失其任意性[56]；至於被告出於何種動機，並非審查該認罪自白之陳述是否具有任意性之考量因素。而被告犯後態度表現具有悔意而為認罪自白之陳述，在刑罰裁量上給予寬典之心理影響，若因司法人員在事證明確下，勸諭或曉諭被告認罪陳述，承諾量刑予以審酌之，被告在此勸諭下，固然有心理上之壓力，但其陳述之自由意志並未被壓制至毫無決定之空間，即不能認為決定陳述時無任意性，亦難以認為已經牴觸不自證己罪原則。因此，被告在檢察官或法官合法訊問之勸諭下，是否選擇陳述仍享有相當程度之自由決定空間時，當被告在自由意識下所考慮抉擇情況下作認罪自白之陳述，乃係基於對自身利害關係之考量後所為之自白，即難認為該認罪自白之非基於其自由意志決定下所為之陳述。

六、勸諭被告作認罪陳述與利誘自白之關連

被告認罪自白之供述證據，不得以違反被告自由意志決定所為陳述之不正訊問方法取得，故刑事訴訟法第156條第1項規定：「被告之自白，非出於強暴、脅迫、利誘、詐欺、疲勞訊問、違法羈押或其他不正之方法，

---

[56] 陳樸生，《刑事證據法》，頁266，自版，1979年。

且與事實相符者，得爲證據。」目前在實務上已一致認定對被告刑求，或使用強暴、脅迫、疲勞訊問及違法羈押所取得自白，已違反刑事訟法第156條第1項規定；但此外的問案方式，諸如利誘、詐欺等不正訊問方式，則尚未形成共同見解[57]。茲有疑問是當法官或檢察官勸諭被告認罪時，這種勸諭被告認罪，是否屬一種利誘被告自白之疑義或疑慮？按被告並無義務提供資訊來完成自己犯罪的刑事追訴，而享有拒絕陳述之緘默權，已如上所述，司法人員自不能以強制方式促使被告積極自證己罪。倘若司法人員告知被告，如拒絕陳述將予重判，因爲這有可能發生報復性之偵審，應已有牴觸不自證己罪原則與被告緘默權保障。棘手的問題在於法院或檢察官以曉諭或勸諭被告作認罪自白，將取得減刑或量刑優惠之法律上之利益[58]，是否可評價爲以不正的訊問方式或利誘而取得被告認罪自白？

　　刑事訴訟法第156條第1項規定不得以「利誘」等其他不正方法取得被告自白，利誘是取供禁止規範之例示；利誘通常有二種情形：一種約定金錢上的利益或財產上之利益以使自白，一種以減輕被告刑事責任利誘其供述，但如依法律之規定，告知其自白，可獲得法律上之減刑，則不能

---

[57] 王兆鵬，〈如何確保自白之任意性〉，收錄在氏著《搜索扣押與刑事被告的憲法權利》一書，頁243，國立臺灣大學法學叢書（124），2000年。吳巡龍，〈以不誠實方法取得自白之證據能力〉，收錄氏著《新刑事訴訟制度與證據法則》，頁183至184，學林文化，2003年。

[58] 在量刑關係上，在作有罪判決的場合上，一定會被處以刑罰，在作無罪或有罪判決方面，法院幾乎沒有裁量之餘地，但在量刑方面，在選擇刑種、法律上的任意減輕及審酌減輕、決定宣告刑、決定緩刑、決定是否併科保安處分及決定易科罰金與易服勞役之標準等，法院則享有廣泛之自由裁量；這些權利同檢察官在不起訴處分中裁量權相並列，被稱爲法律上處遇個別化；量刑，是將刑事司法的各種機能進行概括體現在刑事政策上具有極為重要之意義。見【日】大谷實著，黎宏譯，《刑事政策學》，頁176，北京法律出版社，2000年。

以利誘論[59]。況現行刑事訴法第449條簡易程序之認罪自白協商量刑，或第455條之2協商程序檢察官與被告審判外之認罪量刑協商，無論是自白或認罪，本質上即具有利誘的色彩，使得傳統上所認知之利誘定義應與時俱進，在此種情況下，必須重新定義何謂「利誘」？

在學者指出如刑法上以自白為寬刑之條件，法院依此規定而曉諭被告時不得遽以利誘論[60]；而目前實務上已有漸趨一致的見解，認為並非任何有利被告之允諾，均屬禁止之利誘，不正之利誘才係取供禁止規範之範籌[61]，也就是禁止對被告誘以法所未規定之利益的承諾，如法律賦予刑事追訴機關對於特定處分有裁量空間，在裁量權限內之技術性使用，以促成被告或犯罪嫌疑人供述，則屬合法之偵訊作為[62]；從而，司法人員在訊問被告時，就法律本即形諸明文之減免其刑責之利益，以適當之方法曉諭被告，甚或積極勸說，使被告因而坦承犯行，苟未涉有其他不法，要難解為係刑事訴訟法第156條第1項所稱之「利誘」[63]。例如證人保護法第14條、貪污治罪條例第8條第2項、毒品危害防制條例第17條、槍砲彈藥刀械管制條例第18條第4項規定之立法意旨，本即基於特定或重大犯罪危害甚鉅，若非正犯或共犯間相互指證，大多難以順利破獲，基於鼓勵該等犯罪中之被告自白而為認罪之陳述，故設定在一定條件之下，使其獲邀減輕或免除

---

[59] 褚劍鴻，《刑事訴訟法論（上冊）》，頁254-255，臺灣商務印書館，1994年。

[60] 見陳樸生，《刑事證據法》，頁270，自版，1979年。

[61] 最高法院97年度台非字第115號判決，97年度台上字第1655號、98年度台上字第4643號、99年度台上字第7055號。

[62] 參見最高法院97年度台上字第1655號判決。

[63] 見最高法院100年度台上字第2539號判決，該判決中指出，警詢時僅向上訴人（即被告）表示，如轉為污點證人，可適用污點證人之規定減免其刑責，此為承辦警員於執行職務中，告知法律上關於有利於上訴人權益之規定，並無違法之處，上訴人因此遽指承辦警員利誘被告自白犯行，委無足取等語。

其刑之規定，則檢察官或法官於訊問被告時，曉諭其作認罪自白之陳述，以符合法律上可以獲得減免其刑之要件規定，乃係法官或檢察官對被告法定寬典之告知，應屬對被告單純建議或誘餌建議訊息教示之性質，亦可認為是檢察官或法官實現刑事訴訟法第2條第1項所規定：「實施刑事訴訟程序之公務員，就該管案件，應於被告有利及不利之情形，一律注意。」乃是檢察官、法官偵訊或審訊權限範圍內之合法訊問作為[64]。況且被告作認罪自白之陳述，乃為被告在法律上之科刑有利事項[65]，檢察或法官並非許以法律所未規定或不容許之利益，並不屬不正之利益，故而檢察官或法官曉諭被告坦承犯行，以資為量刑審酌之有利因素而勸諭被告認罪，要難認為係屬禁止之不正利誘。

　　綜上所述，本文則認為，所謂「利誘」取得自白，此利誘應與「誘導」、「教導」或「曉諭」（實務上多以此用語）有別，所謂「利誘」是指以法律所未規定的有利表示，致受訊問者認為是有拘束力之允諾，影響其陳述之決定。當檢察官或法官以法律所容許的減刑或量刑上之寬典利益，勸諭或曉諭被告認罪自白，不能被評價為是不正訊問中的利誘，更不能被評價為是脅迫的內容[66]。而檢察官或法官於訊問被告時，曉諭而指示

---

[64] 臺灣高等法院臺中分院99年度上訴字第2201號判決中指出：「原審受命法官、審判長無論於被告施用毒品案或本販賣案，均未見有何施用強暴、脅迫、利誘、詐欺、疲勞訊問或其他不正方法而為訊問，反而多次告知有符合毒品危害防制條例第17條第2項規定者可以減輕其刑，並數度提醒被告本諸自由意志而為陳述，乃踐行實施刑事訴訟之公務員對於被告有利不利之情形，均一律注意之規定，並適時曉諭被告注意自身權益，尚難認有何利誘其自白犯罪之情形。乃基於對自身利害關係之考量後所為任意性之自白，要屬明確。」

[65] 詳細論述，請參見劉邦繡，〈被告犯後態度在法院量刑上之評價─最高法院95年度台上字第701號、97年度台上字第6725號、98年度台上字第5827號判決探討〉，《軍法專刊》第57卷第1期，頁143至158，2011年2月，及本書第2章。

[66] 最高法院95年度台上字第1816號判決：「檢察官縱有對上訴人曉諭自白犯罪依法得減輕其刑等語，亦屬對於相關法律規定之正當告知，並無不當取供之情形。」

或告知被告如認罪自白，允諾法定之利益如法定減刑或獲得有利之量刑，乃合法勸諭被告認罪，尚非利誘。是否構成利誘之判斷，應在於訊問者對於被訊問者表示的可得預見之利益，是否逾越法律或其職權的界限，致被訊問者信以為真[67]。

七、結論

由上開對勸諭被告認罪自白之陳述在刑事訴訟法上之性質所為論述，可以了解檢察官或法官在勸諭被告作認罪自白之陳述時，可能伴隨對被告作出司法承諾[68]，而此司法承諾之內容當不得做出違背法律規定且與案件之情節性質不相符之許諾，亦不得作出超越自己權限範圍內所能兌現之承諾。故在法律所明定或檢察官、法官職權範圍內所得決定之利益，以此勸諭被告作認罪自白之陳述，其勸諭之內容及方式，仍必須是屬於單純之建議方式或誘餌式（指法律上之利益）之建議，方屬合法，即令因而

---

[67] 有實務見解，甚至認為司法警察於製作警詢筆錄時，如未有違法「利誘」情事，即便就詢問之事項有所「誘導」，只要不違被告之自由意志，當屬偵查（調查）技巧之範疇，尚非法所不許，蓋偵查中對被告之詢（訊）問，與審判中對證人之交互詰問不同，並無法律明文禁止偵查中檢、警機關對於被告之誘導詢（訊）問；即令司法警察於製作筆錄時告知供出槍枝之法律效果及可能具保等情，亦屬合法之「建議」，尚非違法之「利誘」；見臺灣高等法院96年度上訴字第2935號判決。亦有實務見解，更認為查獲員警等曾出言勸諭被告認罪或可獲輕判、交保等言語，係符合刑事訟訴法認罪協商之精神，而非利誘、詐騙；見臺灣士林地方法院95年度訴字第609號判決。另有實務見解認為：訊問之偵查者指示或告知被告，如果自白可能獲得有利之量刑等判決，抑或建議被告如自白犯行，檢察官法官可能不會羈押等，均僅屬「教導」，而非刑事訴法第156條第1項之利誘可比；見臺灣高等法院96年度上訴字第2935號判決。
[68] 此處之「司法承諾」，係指司法人員（包括司法警察、檢察官及法官）對被告作認罪自白之陳述，而做出特定之許諾保證。

藉此「換得」被告之自白，尚非屬刑事訴訟法第156條第1項所要禁止規範之「利誘」。檢察官或法官勸諭被告認罪，並以承諾法律有利事項而得到被告自白是否有任意性？按自白是否出於任意性，僅就其取得方法加以規定，其自白之內容是真實，自白之動機如何，並非所問；質言之，即令被告在檢察官或法官勸諭下所為認罪自白陳述，乃虛偽陳述，亦係被告出於自己動機所為之自由陳述，此屬證明力之判斷問題，尚與證據能力無涉。也就是說，在此情形下，勸諭及承諾本身並非使被告喪失自白的任意性，只有當該勸諭及承諾成為被告認罪自白的強烈誘因，供述因此有提供虛假自白的高度蓋然性時，自白才失去任意性，但應將重心置於虛偽排除說來處理該問題[69]。

　　被告在檢察官或法官勸誘下認罪自白，被告所以認罪而自白陳述之動機，與自白之任意性尚無絕對關聯，此毋寧係自白是否具真實性之判斷問題。首開最高法院99年度台上字第7055判決要旨所指出：「並非任何有利之允諾，均屬禁止之利誘，如法律賦予刑事追訴機關對於特定處分有裁量空間，在裁量權限內之技術性使用，以促成被告或犯罪嫌疑人供述，則屬合法之偵訊作為」。以及最高法院99年度台上字第3747號判決要旨所指出：「法院為利真實之發現、訴訟程序之進行或其他考量，基於法律賦與審酌量刑之裁量權限，在裁量權限內勸諭被告如實供述，則屬合法之作為。受命法官或審判長於審理中兼有以自白（犯後態度）得作為科刑輕重參考之相關曉示，依前開說明，亦僅職權之適法行使，難指為違法。」固屬公允之見解。惟本文認為關於聽訟折獄，王陽明先生說：「問一詞

---

[69]　【日】本土武司著，董璠輿、宋英輝譯，《日本刑事訴訟法要義》，頁329，五南圖書，1997年。

訟，不可因其應對無狀，起個怒心；不可因他言語圓轉，生個喜心；不可惡其囑托，加意治之；不可因其請求，屈意從之；不可因自己事務煩冗，隨意苟且斷之；不可因旁人譖毀羅織，隨人意思處之；這許多意思皆私，只爾自知，須精細省察克治，惟恐此心有一毫偏倚，杜人是非。」仍應再詳細深究法官或檢察官允諾被告以法律上之利益而勸諭被告認罪自白，該勸諭或告知或「誘導」、「教導」或「曉諭」之內容及方式，仍必須是屬於單純建議或誘餌式（指法律上之利益）之建議，方屬合法之訊問作為，當被告在接受此合法訊問的勸諭訊息時，雖然對其內心形成一定的壓力，但其不接受勸諭認罪，在訴訟程序上之權利並不會被剝奪，法院仍應依通常程序審理，則被告仍享有作決定陳述與否之自由，嗣被告在自由意識衡量下而作認罪自白之陳述，即難認為有違反自白任意法則或被告緘默權之行使。惟檢察官或法官之勸諭認罪之內容或方式，已完全背離告知之「誘導」、「教導」或「曉諭」單純建議之性質或誘餌式建議，即非勸諭認罪自白，而是以進入到恐嚇或脅迫自白之範疇內，例如在勸誘被告自白犯罪，於供述不合意時，即加申斥，或以無法抵抗或難以抗拒或非法之要求如恐嚇、脅迫、疲勞或鬼神、斥責、怒罵之訊問，讓被告所享有自由決定之空間被壓縮致使被告已無選擇陳述與否之餘地時，被告之陳述即無從出於自由意志之決定，應屬非法之訊問，亦非本文所指之勸諭被告認罪之性質，而是進入到屬於不正訊問之範疇。以本文所舉案例如【附件一】之檢察官及法官勸諭被告認罪之內容及方式（請參閱），應屬於建議性質之勸諭或曉諭認罪，應屬合法之訊問方式，被告因而認罪自白即屬其在自由意思衡量下之任意陳述；而【附件二】之法官勸諭內容及方式（請參閱），應已非屬建議性質，亦不屬誘餌式之建議，而較屬於威脅或恐嚇告知之訊問方式，被告因而認罪自白，其自由意思之決定空間已被壓縮至極小或

無，要難以認定該認罪自白之陳述符合自白任意性原則，該自白當無證據能力。

（本文原刊載軍法專刊第57卷第4期，2011年8月）

【附件一】[70]

被告於法院準備程序時，被告原仍否認犯罪，承辦法官表示：如果被告再爭執犯罪，也不會比同組織之成員輕，渠等也不可能說出有利被告的話。被告仍再否認有毆打甘○興之事實，實行公訴檢察官及法官再勸諭被告如下：

檢：被告若你承認組織犯罪，那就這個部分是不會另外成為犯罪，因為本件就甘○興部分只是組織犯罪的一環，本件起訴你組織犯罪和賭博，這二個罪論起來也是組織犯罪而已，二罪論一罪，這樣懂嗎？

檢：我不是騙你啦，你認的話一定會對你很好的，不然你看陳○鑽判超過10年，你認為呢？有錯就承認，法官和檢察官都不會為難你，這個案件依法判決就是這樣判，不可能認的人比較笨，他的刑度還比你重，認的比不認的重是不可能的，陳○賢不認判很重（按判六年），陳○鑽也是不認，不然他們也不會上訴到更二審高院去。

法：你承認的話一定會比你不承認的好，有些條件是基本相同的，什麼刑度加強制工作，而刑度一定是往上增加，這樣還不如你現在承認，

---

[70] 本案例，整理出自臺灣高等法院97年度上更(二)字第296號，該案判決指出檢察官及法官勸諭被告認罪之陳述，並非利誘；嗣經被告上訴至最高法院97年度台上字第6119號判決駁回上訴確定。

就是犯罪事實承認的話，我們到時候就提示卷證資料就可以了，你的基本的要處罰的都有，那在刑度上一定是往上增加的嘛，不可能到時候反而更輕。

檢：起訴檢察官也不是只接你這個案子，就你的卷證來講，他的專業判斷就已經是這樣。

法：你的通聯紀錄很多，你發現被人家偷聽的時候還跟受話人說以後這些事情不要在電話中講，隨便舉很多都可以證明你參與的事實。

法：現在承認的話，基本上你還可以爭取到一點有期徒刑的部分，如果要爭執的話，那你的刑度還要往上增加，你如果坦承的話，檢察官在科刑範圍那邊表示意見的時候，他也會說被告坦承犯行。

檢：只要你坦承的話，法官和檢察官都願意給你一個機會，求刑的部分一定會給你……，律師也會幫你爭取。

　　被告最後表示不再爭執，有本院勘驗上開準備程序錄音光碟，制有勘驗筆錄在卷可稽，經本院審理時提示予被告，被告對上開溝通協商過程並無意見。

〔導讀〕

　　依上開準備程序勸諭被告之過程觀之，實行公訴檢察官、承辦法官僅以被告事證明確，有本院93年上更(二)字第211號對同組織成員之有罪確定判決及上開判決內之事證可證，如坦承犯行尚有從輕量刑之可能，並無利誘被告之情形。嗣於原審95年6月2日行審判程序時，被告未再爭執事實欄所載犯罪事實，經辯護人為被告辯稱，被告雖涉犯毆打甘○興及設立賭場，但未如陳○賢般參與「漂亮寶貝」圍事，犯後態度良好，請從輕量刑。檢察官則具體求處有期徒刑3年，併科罰金30萬元及強制工作。辯護

人則請求量處有期徒刑2年，其餘罰金、強制工作無意見，被告於最後陳述時未再表示意見等情事，被告於決定不再爭執犯罪之協商過程中，尚有選任辯護人在場，是否承認、科刑範圍之意見如何等問題，凡此種種被告與辯護人事先應已研議清楚，殊無放任被告對於自己未參與之犯罪行為恣意自白之可能。況被告於審判期日，於其選任辯護人以其認罪為基礎實施辯護及檢察官明白表示具體對其求處有期徒刑3年及併科罰金、強制工作時，仍不改其之前不爭執之陳述，顯見被告已知不爭執上開犯罪事實之結果，將被論以組織犯罪防制條例第3條第1項後段之罪，要難認被告決定不爭執事實欄所載事實時，有何受利誘之情形。

【附件二】[71]

　　法官曉諭被告：「照起訴事實來看，對你不利，且本案起訴後，法律有修正，新法較重，為3年以上有期徒刑，舊法較輕，為5年以下有期徒刑，照案情來看，對你不利，你如承認，我會從輕量刑，讓案子告一段落，且目前你在押中，你有必要扛下來嗎？你是否瞭解？畢竟你也不是議員，郭○○、董○○為什麼要咬你，就證據來看，董○○有必要去咬一個非議員身分的人嗎，別人不會無故誣賴你，如你有做，你就承認，請辯護人表示意見。」辯護人答：「在偵查中，檢察官就有要被告認罪協商，我有跟被告講，我也要被告坦承犯行，來認罪協商，請求判處緩刑或者易科罰金均可，但被告既然沒有做，為何要承認。」
法官諭知：「本案仍有些細節需要問，被告又否認犯行，加上其他同案

---

[71] 本案例，整理出自臺灣高等法院高雄分院96年度選上更(一)字第17號判決及最高法院96年度台上字第5947號判決。

　　　　被告與你並無深仇大恨，我今天將你續押，我會儘快開庭審
　　　　理，若將你放出去，本案可能會有串證之虞。」辯護人答：
　　　　「請求交保」。

法官諭知：「若被告放出去，可預料同案被告會翻供，若被告坦承，我
　　　　今天會讓你交保」（辯護人請求與被告商量），法官諭知：
　　　　「若被告否認犯行，我續行羈押且有禁見之必要，若被告坦
　　　　承犯行，我馬上可讓你交保出去，只要你將細節交代清楚即
　　　　可」；辯護人答：「這沒問題，將來是否採認罪協商，行簡
　　　　式審判程序。」

法官諭知：「只要被告坦承，對被告絕對有利，我不知道被告在考量什
　　　　麼，不願意將案情據實說出」。辯護人告訴被告：「本案證
　　　　據明確，你將全部犯罪事實供出，如何交付10萬元給郭辰鋒，
　　　　法官說今天就可以讓你交保，以後會從輕量刑，你又否認，
　　　　若今天讓你出去，則你們3人會串證，你不如今天把事情的來
　　　　龍去脈講清楚、10萬元是怎麼回事，這樣就可以獲得從輕量
　　　　刑，將來可能是1位法官審判，不是3位法官審判，這樣你是否
　　　　瞭解？」

法官諭知：「起訴書以被告否認犯行，求刑2年6月，但判刑與求刑不同，
　　　　可請律師參酌案例，對類似這種情形的案件，刑度不會判這
　　　　麼高，只要被告願意講出來，交代清楚，我可以從輕量刑，
　　　　但被告要考慮清楚，若將案情講清楚，有可能會使董○○當
　　　　選無效案件判決敗訴，會有什麼後果，或者你考量是否會牽
　　　　連到其他人等情形，你自己考慮清楚，我今天還是暫時將你
　　　　接押，讓你自己在所內考慮清楚，我會儘快開庭，因為這案

子有些破綻，若將來破綻被我找出來，而其他同案被告都已承認，我會從輕量刑，而你若不承認，我會判決較重的刑責，你自己要考慮清楚」。辯護人答：「讓被告跟法官講一講」。

法官諭知：「我今天還是接押，你自己考慮清楚」，被告請求：「讓我講清楚。」法官諭知：「你講出來會不會後悔，若講出來，要講清楚，不可以真真假假的講，你考慮清楚否？」辯護人要被告「將來龍去脈跟法官講清楚」。被告答：「略……（即就起訴之犯罪事實自白陳述）」

法官問：「辯護人有無其他意見？」辯護人答：「被告把事情說出來了，實無羈押之必要。被告今日所述應該沒有好隱瞞的，可能被告也不想讓票開出來太難看而有失面子。」

法官諭知：「被告犯嫌重大，惟已坦承大部分犯行，已無羈押之必要，准以新臺幣五萬元交保，被告覓保。」

〔導讀〕

　　第二審法院認為上開第一審受命法官上開曉諭之內容係於95年1月12日訊問程序係接押訊問，被告起初否認犯行，嗣後坦承交付10萬元予郭○○之事實，雖係受命法官告知如未承認，將予續押，但受命法官亦將續押之原因，毫無保留的告訴被告及辯護人，並告知可從輕量刑，復提醒被告要考慮清楚，若將案情講清楚，有可能會使董○○當選無效案件判決敗訴，會有什麼後果，或者你考量是否會牽連到其他人等情形，自己考慮清楚，當日還是暫時將被告接押，讓被告在所內考慮清楚，受命法官會盡快

開庭，亦即受命法官表明先接押，讓被告在看守所考慮清楚再決定（因為會影響其他人權益），並未要求被告坦承犯行，被告於與辯護人討論，經辯護人告知被告利害關係後，被告請求說明，受命法官再度告知其講出來會不會後悔，若講出來，要講清楚，不可以眞眞假假的講，被告考慮清楚否？被告仍決定說明。是受命法官雖諭知被告如不承認犯行，將予接押，但亦明白告訴羈押之原因，並以縱坦承犯行，尚需交待細節，讓案情明朗，始會給予從輕量刑，並非單純承認犯行，即予交保，而被告承認或否認犯行，屬犯後之態度，本屬法院依刑法第57條科刑輕重之標準，是被告主張原審法官有以不正當之方法逼迫其為自白，尚有誤會。認為上開第一審法官勸諭被告所為認罪之陳述，仍具有任意性。

但該案在上訴最高法院即質疑法官上開曉諭言詞，是否足以使上訴人為求獲得交保而影響其自由意思陳述？

2 被告犯後態度在法院量刑上之評價

最高法院95年度台上字第701號、97年度台上字第6725號、98年度台上字第5827號判決探討

目次

■摘要SUMMARY

　　被告訴訟上行為表現，即被告在犯罪後的態度，包括行為後的態度與在刑事程序中的態度，足以顯示其可責性與危險性，乃不可忽視的刑罰裁量事實。行為人「犯罪後之態度」乃刑法第57條第10款所定法院在量刑上應行審酌之事由，其他法律上甚且以明文規定得為加重或減輕其刑。現行實務上法院在個案量刑時，常將被告在法院審理階段中的訴訟行為表現模式或刑事訴訟程序中的態度，如是否坦承犯行、有無和解、有無進行辯解或抗辯之情形，予以審酌在法定刑內的加重、減輕之事例乃屬常見，並認為在被告否認犯行之部分，係屬於刑法第57條第10款「犯罪後之態度」量刑參酌因素。惟被告保持緘默或拒絕陳述或否認犯行之行為，能否以之作為被告該當刑法第57條第10款「犯罪後之態度」量刑因素之依據事由，當有疑義？此不僅是當事人所重視之問題，更是法院在量刑實務上極待釐清之重要問題。

　　最高法院97年度台上字第6725號、98年度台上字第5827號、95年度台上字第701號三則判決，乃針對法院審理階段被告訴訟行為表現模式與法院量刑上之關連性提出看法，正視到被告緘默權之保障範圍或否認起訴事實之犯罪，能否視之為「犯罪後之態度」認定？或者被告行使防禦權是否可以因此而說謊？被告虛偽之陳述或者供述不實，也不應為視被告犯罪後之態度不佳作為法院量刑依據？從被告防禦權行使之緘默權保障迄被告在法院審理過程中所顯見的態度，能否作為法院依刑法第57條第10款認定被告「犯罪後之態度」之量刑參酌依據，殊值得重視與研究此一課題，本文即以該三則判決要旨予以闡述被告在訴訟上之行為表現模式與法院量刑關係，應是「被告自白則量刑從輕」，「保持緘默或消極否認犯行則量刑上不予理會」，「積極否認犯行故為虛偽攀誣則量刑從重」。

一、系爭三則判決要旨與疑義

(一)判決要旨

最高法院97年度台上字第6725號判決要旨指出[1]，刑事訴訟法為保障被告之防禦權，尊重其陳述之自由，包括消極不陳述與積極陳述之自由，前者賦予保持緘默之權，後者則享有無須違背自己之意思而為陳述之權。此外，被告尚得行使辯明權，以辯明犯罪嫌疑，並就辯明事項之始末連續陳述；於審判期日調查證據完畢後，更得就事實及法律辯論之。此等基於保障被告防禦權而設之陳述自由、辯明及辯解（辯護）權，既係被告依法所享有基本訴訟權利之一，法院復有闡明告知之義務。則科刑判決時，對刑之量定，固應以被告之責任為基礎，本於比例、平等及罪刑相當等原則，並審酌刑法第57條所列各款情狀為輕重之標準，然其中同條第10款所稱犯罪後之態度，係指被告犯罪後，因悔悟而力謀恢復原狀，或與被害人和解，賠償損害等情形而言，應不包括被告基於防禦權之行使而自由陳述、辯明或辯解（辯護）時之態度。是自不得因被告否認或抗辯之內容與法院依職權認定之事實有所歧異或相反，即予負面評價，逕認其犯罪後之態度不佳，而採為量刑畸重標準之一。因此，認為原第二審判決[2]中記載被告犯罪後，猶飾詞「狡」辯，未見悔悟，作為量刑審酌情狀之一，顯未尊重被告自由陳述、辯明、辯解（辯護）權之行使，將被告合法行使抗辯權之內容作為量刑標準之審酌，認為有違刑法第57條第10款規定之意旨。

---

[1] 相同案例，見最高法院98年度台上字第935號、第3630號、第4286號、第4312號、第6746號、第7050號判決。

[2] 見台灣高等法院台中分院94年度上訴字第2340號判決，該案被告犯違背職務收受賄賂罪，處有期徒刑五年八月，減為有期徒刑二年十月。

最高法院98年度台上字第5827號判決[3]，則指出量刑判斷當否之準據，應就判決之整體觀察為綜合考量，不可擷拾其中片段，遽予評斷。刑法第57條第10款所稱犯罪後之態度，本屬主觀事項，包括行為人犯罪後，有無悔悟等情形，尤足以測知其人刑罰適應性之強弱。被告在緘默權保障下所為之任意陳述，坦承犯行，不惟可節省訴訟勞費，使明案速判，更屬其人格更生之表徵，自可予以科刑上減輕之審酌。至於被告保持緘默或否認犯罪，應屬基於防禦權而自由陳述（消極不陳述與積極陳述）或其辯明權、辯解權之行使，如若以此作為被告犯罪後毫無悔意、態度不良之評價，並資為量刑畸重標準之一，而明顯有裁量權濫用之情形者，固為法所不許。但就個案量刑審酌之情狀為整體綜合之觀察，苟係以行為人之責任為基礎，並已斟酌刑法第57條各款所列情狀，包括刑罰目的性之考量、刑事政策之取向，以及行為人刑罰感應力之衡量等因素為之觀察，倘其刑之量定並未逾越公平正義之精神，客觀上亦不生量刑畸重之裁量權濫用，自不得僅因判決書記載「事後否認犯行之態度，毫無悔意」等用語文字，即遽謂係剝奪被告之緘默權，將被告合法行使抗辯權之內容作為量刑標準之審酌。因此認為原第二審判決[4]在對被告量刑上審酌之一切情狀，載有「事後否認犯行之態度，毫無悔意」等詞句，但原判決所衡酌對被告之科刑並未逾越中度刑，甚至在中度刑以下，尚無裁量權濫用，亦無以被告之否認犯罪而執為加重刑罰，或客觀上有量刑畸重等違反罪刑相當與公平正義之情形，自不得任意指摘或擷取其中之片斷執為合法之第三審上訴理由。

---

[3]　相同見解如最高法院98年台上字第5826號、第7930號，99年度台上字第701號判決。

[4]　見台灣高等法院97年度上訴字第4592號判決，該案被告鍾○○收賄略罪，處有期徒刑五年八月。

而最高法院95年度台上字第701號判決則指出，刑事訴訟法第95條第2款及第96條固規定被告得享有緘默權與辯明犯罪嫌疑之機會，但此項權利之行使，仍有合法、正當、誠實、信用原則之適用，否則即無權利行使之可言。既非權利行使，故為狡展，自屬刑法第57條第10款所定犯罪後態度，為法院科刑應審酌之情狀事項，原第二審判決[5]斟酌及此，於法要難認為不合。

(二)判決疑義與爭議

法院審理中個案的量刑，法官有自由裁量之權限，惟法官判斷刑法第57條第10款「犯罪後之態度」所指為何？其射程範圍為何？上開三則最高法院判決所顯示之疑義與爭議問題即是，法院在量刑是否應審酌被告在審判中行使緘默權、否認犯行、拒絕陳述這類被告防禦權行使之情形，而此種訴訟行為是否屬於該條款所謂被告「犯罪後之態度」不佳？得以作為量刑之考量？法官得否因被告保持緘默，隱瞞犯罪事實，作對被告不利之判斷？法院如將其認定作為量刑上加重之事由，是否就與刑事訴訟法賦予被告之基本防禦權產生衝突？故本文系爭三件判決所顯見之重大疑義即是「被告在刑事程序中的表現行為」能否認為係屬刑法第57條第10款所指之「犯罪後之態度」範疇內，而作為法院認定被告有罪時量刑上之審酌因素。此在最高法院89年度台上字第7759號該案判決時，即已指出：「被告對於其被訴之犯罪嫌疑及罪名所為之辯解，適屬訴訟程序上權利之正當行使；則得否以被告否認犯罪所持之辯解，指為『飾詞狡辯』？此項防禦權

5　台灣高等法院台南分院92年度上訴字第301號判決，該案被告犯妨害風化罪，處有期徒刑一年。

之行使，與其犯罪後之態度，究竟有何論理上之關聯，而得遽認其『毫無悔意』？饒有深入探求之餘地。」

　　上開三則判決案例事實之被告對被訴之犯罪事實，於法院審判中均否認犯行，但最高法院97年度台上字第6725號判決，則認為原第二審判決中記載被告犯罪後，猶飾詞「狡」辯，未見悔悟，作為量刑審酌情狀之一，未尊重被告自由陳述、辯明、辯解及辯護權之行使，將被告合法行使抗辯權之內容作為量刑標準之審酌，認為有違刑法第57條第10款規定之意旨；但在98年度台上字第5827號判決中，卻認為被告保持緘默或否認犯罪，固應屬基於防禦權而自由陳述（消極不陳述與積極陳述）或其辯明權、辯解權之行使，若以此作為被告犯罪後毫無悔意、態度不良之評價，並資為量刑畸重標準之一，除有明顯有裁量權濫用之情形者，為法所不許外，似認為被告在法院審判中否認犯行之情節，認為屬於刑法第57條第10款之範疇，得以之作為法院量刑上之審酌。而95年度台上字第701號判決則更明確指出，被告得享有緘默權與辯明犯罪嫌疑之機會，但此項權利之行使，仍有合法、正當、誠實、信用原則之適用，否則即無權利行使之可言。既非權利行使，故為狡辯，即屬刑法第57條第10款所定犯罪後態度，為法院科刑應審酌之情狀事項，於法要難認為不合。從而，在審判中被告否認犯行，何種情形下法院得以之作為「犯罪後之態度」量刑的參酌，不無疑義？是否應有必要細究何者屬於被告防禦權之範疇內？如被告從審判一開始即否認其犯行，甚至在出庭時態度惡劣，以積極性否認犯行之方式如說謊，誣陷他人、惡意的狡辯、對告訴者表現仇恨等，有計畫性地作有利於己的不實陳述等方式，仍不能認為屬於刑法第57條第10款「被告犯後之態度」，得以納入量刑考量？又另一種情形，被告始終保持緘默，或僅消極性否認犯行，能否認為屬於刑法第57條第10款「被告犯後之態度」，而應

納入量刑考量？乃上開三則判決要旨所顯示之疑義與爭議所在，應值得深入探討。

二、被告訴訟行為表現模式與法院量刑之關連性

最高法院97年度台上字第6725號、98年度台上字第5827號、95年度台上字第701號三則判決，乃針對法院審理階段被告訴訟行為表現模式與法院量刑上之關連性提出看法，對被告犯後否認犯行之態度作為法院量刑參酌，提出不同昔日司法審判實務上法官對於被告在其行為後所表現的態度與行為，不宜單純審酌被告在外觀上表現出來的態度與行為，以簡單的犯罪後坦承犯行從輕量刑、否認犯行則犯後態度不佳而從重量刑之二分法，斷定其評價方向，而正視到被告緘默權之保障範圍或否認起訴事實之犯罪，能否視之為「犯罪後之態度」認定？或者被告行使防禦權是否可以因此而說謊？被告虛偽之陳述或者供述不實，是否也不應視被告犯罪後之態度不佳而做為法院量刑依據？這些能否作為法院依刑法第57條第10款認定被告「犯後之態度」的量刑參酌的依據，殊值得重視與研究此一課題。

被告在刑事程序中的行為表現，乃行為人在犯罪行為後的態度與行為表現的一個特別狀況，被告於審判階段就被起訴之犯罪事實，其訴訟上之行為表現模式，大致可分為：(1)坦承犯行而自白，(2)行使緘默權，(3)否認犯行，而否認犯行又可分為①消極性否認犯行及②積極性否認犯行。再細究被告就其被指控的犯罪事實，放棄緘默權之行使而為自由意識之陳述進行辯明，通常包括以下二種類型：(一)辯解，即被告否認自己實施了犯罪行為，或雖然承認犯罪，但辯稱不應追究刑事責任或者應當從輕、減輕

或者免除刑罰等。(二)攀供，即被告除自白坦承自己犯行外，另供述揭發同案其他犯罪嫌疑人的罪行，此一供述其他正犯或共犯的犯罪事實內容，亦屬被告的供述和辯解的一種，被告進行攀供在刑事司法偵查中並非不常見，其動機有因悔罪、補償過錯而揭發供出他人的犯罪行為，亦有為了減輕自己的罪責而揭發供出他人的犯罪行為，大部分是因為法律上規定了供出他人犯行之「污點證人」，得到寬大處理依法可以就被告所犯罪行減免罪責[6]。(三)攀誣，係指被告為推卸自己的罪責或報復陷害他人，故意虛構他人犯罪行為，而進行有計劃否認犯行的狡辯陳述。

　　被告於犯罪後的態度足以顯示其可責性與危險性，被告在犯罪行為後的態度與行為，是一個不可忽視的刑罰裁量事實。行為人「犯罪後之態度」乃刑法第57條第10款所定法院在量刑上應行審酌之事由外，其他法律上甚且以明文規定得為加重或減輕其刑，例如刑法第244條規定，犯和誘略誘罪者，於裁判宣告前送回被誘人或指明所在地因而尋獲者，得減輕其刑；刑法第301條規定，犯略誘婦女結婚、出國罪者，於裁判宣告前，送回被誘人或指明所在地因而尋獲者，得減輕其刑；刑法第347條第5項前段規定，意圖勒贖而擄人者，未經取贖而釋放被害人者，減輕其刑；取贖後

---

[6] 在我國法制上，對於被告自白供出自己或他人之犯罪事實，或並因而查獲其他共犯或其犯罪者，給予減輕或免除其刑之刑罰上處遇者，於刑事特別法領域中，並不算少數，此類立法，在現行之貪污治罪條例、組織犯罪防制條例、毒品危害防制條例、公職人員選舉罷免法、公民投票法、總統副總統選舉罷免法、兒童及少年性交易防制條例、槍砲彈藥刀械管制條例、人口販運防制法、洗錢防制法、信託業法、銀行法、信用合作社法、金融控股公司法、票券金融管理法、保險法、證券交易法、農業金融法等，均有明文，更有統合性之「證人保護法」第十四條第一項所謂「窩裡反條款」或「污點證人」之統合性立法。此部分已非本文探討範圍，詳細論述，請參見劉邦繡，〈貪污、毒品、槍砲案件被告自白減之研究—以最高法院九十八年度台上字第四四八號、第三九三○號、第三四九二號三件判決為探討〉，《軍法專刊》，第56卷第1期，2010年2月，頁64至90，及本書第四章。

而釋放被害人者，得減輕其刑[7]。可見被告在犯罪後的態度，包括行爲後的態度與在刑事程序中的態度，乃不可忽視的法定刑罰裁量事實[8]，通常法官對於被告在犯罪之後，不知悔悟或棄置被害人於不顧、否認犯行、惡意的狡辯、對告訴者表現仇恨等等的態度與行爲，大多會作爲加重的刑罰裁量依據，如被告在行爲後，表示無限的後悔、坦白承認犯行，並對其犯行的事實經過爲詳細的陳述、向被害人道歉、盡其所能地回復其行爲所造成的損害，或賠償被害人因其犯罪行爲的損失等行爲與態度，往往均作爲減輕的裁量依據；可以這麼說，被告犯罪後態度在司法過程中的評價主要集中在考量：首先是被告有否坦承犯行，其次是有無與被害人和解。

有關法院量刑基準，司法實務上最高法院的態度，早期原本是採由法院完全自由裁量理論[9]，但嗣後最高法院見解開始有所改變，指出自由裁量並非全無法律上之拘束，即使在自由裁量理論的界限下，仍受法律性之拘束與法律秩序之理念所指導[10]，認爲法院量刑固屬實體法上賦予法院得爲自由裁量之事項，但此項裁量權之行使，並非得以任意或自由爲之，仍應受一般法律原則之拘束，即必須符合所適用法律授權之目的，並受法律秩序之理念、法律感情及慣例等所規範。若違反比例原則、平等原則時，得認係濫用裁量權而爲違法[11]。因此，最高法院對量刑之合法與妥當性，

---

[7] 其他有關行爲人之犯後態度在法定刑罰之加減、免除裁量，本文整理刑法、特別刑法之有關規定，詳如下附表所示。

[8] 林山田，《刑法通論（下冊）》，2002年，頁500。

[9] 見最高法院72年台上字第6696號判例要旨：「量刑輕重，係屬事實審法院得依職權自由裁量之事項，苟已斟酌刑法第五十七條各款所列情狀而未逾越法定刑度，不得遽指爲違法。」

[10] 參見最高法院80年台非字第473號判例。

[11] 參見最高法院90年度台上字第2596號、91年度台上字第5295號、92年度台上字第3268號、93年度台上字第5073號、95年度台上字第1779號、96年度台上字第7448號等判決，不再一一贅引。

係以法院自由裁量爲中心，而將比例原則、平等原則與罪刑相當原則，作爲法院在量刑上自由裁量的內部界限，而外部界限，則爲各罪之法定刑或處斷刑[12]。

　　實務上法院在個案的量刑，常將被告犯後在法院審理階段中的訴訟行爲表現模式或刑事訴訟程序中之態度，是否坦承犯行、有無和解、有無進行辯解或抗辯之情形，在法院量刑上予以審酌法定刑內的加重、減輕之事例乃屬常見，並認爲在被告否認犯行之部分，係屬於刑法第57條第10款「犯罪後之態度」量刑參酌因素，對於被告是否坦承犯行，是否隱匿罪行，或故意誤導調查方向等，此類事由均有關司法成本之考量，乃法院判決時對刑罰裁量因素上，斟酌次數最多者，根據一項對法院實務判決之調查統計，以此類犯後態度之司法成本做爲法院量刑審酌之因素佔絕大多數，占71%，其中又以犯後坦承犯行態度占絕大多數[13]。惟刑法第57條第10款「犯罪後之態度」與被告不自證己罪原則是否有所關連？可否將被告在法院審理階段所爲否認犯行之態度做爲量刑參考依據？並非絕無爭議！被告保持緘默或拒絕陳述或否認犯行之行爲，能否以之作爲被告該當刑法第57條第10款「犯罪後之態度」量刑因素之依據事由，當有疑義[14]？此不僅是當事人所重視之問題，更是法院在量刑實務上極待釐清之重要問題。

---

[12] 惟最高法院判例意旨中所謂「受法律秩序之理念所指導」或判決意旨中所謂「受法律秩序之理念、法律感情及慣例等所規範」、「應本乎正義理念」等準則，其內涵爲何，將因各法官之理念、價值觀、法學教育背景之不同而異，因此，刑罰裁量之界限仍難有客觀之解答。

[13] 見吳佶諭，《從刑罰目的觀論刑罰裁量》，中國文化大學法律學研究所碩士論文，2007年，頁103至104。

[14] 王兆鵬，〈審判階段緘默權之理論研究〉，收錄氏著《刑事被告的憲法權利》，1999年，頁53。蘇俊雄，《刑法總論III》，2000年，頁432至433。

三、被告行使緘默權、辯解權與不利被告事實之認定

　　「任何人均沒有對自己不利益事項作供述的義務」，乃是自古即被奉行之諺語，其表露出對人格尊嚴予以尊重的訊息，而此正是緘默權概念之由來。爲建立一個起碼的公平審判制度，以實現刑事訴訟法追求正義之終極目的，實有必要賦予被告訴訟上之防禦權，以便面對以證明其有罪爲目的之檢察官之攻擊的訴訟活動，就刑事被告之基本訴訟權利而言，包含其在訴訟上應享有充分之防禦權。被告防禦權源自於無罪推定及不自證己罪的憲法位階原則。刑事訴訟法係爲適用刑法，確定國家具體刑罰權爲目的而設之程序法規，刑事訴訟法之目的，在於發見實體的眞實，尋求事實之眞相，使刑法得以正確適用，藉以維護社會之安全，但爲達成此目的，仍應採取合理之手段，確保裁判之公正，藉以保障個人基本人權，程序正義之遵守，自不容忽略。而緘默權即是構築此被告防禦權不可或缺之權利；所謂緘默權，係指「國家不得課以被告法律上、事實上之供述義務以強制取得不利益於被告之供述。」惟被告之陳述亦屬證據方法之一種，但爲保障其陳述之自由，現行法承認被告有保持緘默之權，故刑事訴訟法第95條規定：「訊問被告應先告知左列事項：一、犯罪嫌疑及所犯所有罪名，罪名經告知後，認爲應變更者，應再告知。二、得保持緘默，無須違背自己之意思而爲陳述。三、得選任辯護人。四、得請求調查有利之證據。」此爲訊問被告前，應先踐行之法定義務，屬刑事訴訟之正當程序，於偵查程序同有適用[15]。被告之陳述固得爲法院認定事實的證據資料之一，然被告本於不自證己罪及有防衛其利益之防禦權，在刑事訴訟程序上應尊重被告

---

[15] 見最高法院92年度台上字第4003號判決。

陳述之自由，禁止強制其為不利之陳述，所謂陳述自由，包括積極的陳述
自由與消極的不陳述自由，被告緘默權即在保障被告消極的不陳述自由，
不得以被告行使緘默權或拒絕陳述，即認係默示自白或為不利於被告之推
斷。

　　被告本有不自證己罪之權利，被告「否認犯罪」與行使「緘默權」同
屬「不自證己罪」之權利，此為憲法所保障被告之基本人權，已如上所
述。刑事被告乃程序主體者之一，有本於程序主體地位而參與審判之權
利，作為被追訴犯罪之被告當然享有自行辯護的權利，並藉由辯護人協
助，以強化其防禦能力，落實訴訟當事人實質上之對等。辯護權即是刑事
訴訟法賦予被告及其辯護人針對被告被訴犯罪嫌疑而進行辯明的權利。
我國的刑事辯護有三種類別：(1)自行辯護，指犯罪嫌疑人、被告自行辯
護。(2)選任辯護，指犯罪嫌疑人、被告委任律師代行辯護。(3)指定辯
護，指在法律規定的特殊情況時，由法院為未選任辯護人的被告指定辯護
人或律師為其辯護。刑事訴訟為使當事人之地位對等，於刑事訴訟法第一
編第四章，特設辯護人、輔佐人及代理人（或稱訴訟關係人），以輔助當
事人為訴訟行為。刑事辯護制度係為保護被告之利益及維持審判之公平而
設[16]，其功能在輔助被告防禦對造檢察官或自訴人對被告所實施之攻擊，

---

[16] 在聯合國文獻中，鑒於《世界人權宣言》提出法律面前人人平等的原則、無罪推定原則、
　由獨立而無偏倚的法庭進行公正和公開聽證的權利以及為每一被指控犯有刑事罪的人進行
　辯護所必要的各項保證。以及鑒於《公民權利和政治權利國際公約》在訴訟的各階段獲得
　適當的法律協助；進一步宣佈了在不無故拖延情況下受審的權利以及由依法設立的合格、
　獨立而無偏倚的法庭進行公正和公開聽證的權利。並鑒於《保護所有遭受任何形式拘留或
　監禁的人的原則》明文規定，被拘留的人應有權獲得法律顧問的協助，有權與法律顧問
　聯絡和磋商，鑒於《囚犯待遇最低限度標準規則》建議，應確保未受審訊人享有獲得法律
　協助和與法律顧問進行保密聯絡的權利。上開該宣言、原則及公約內容請參見http://www.
　un.org/chinese/work/rights/rights.htm（瀏覽日期：2010年11月1日）。

此亦是鑒於被告一般均欠缺法律智識，且處於被訴立場，難期能以冷靜態度，克盡防禦之能事，故由辯護人補其不足，俾與檢察官或自訴人立於平等之地位而受法院公平之審判，此為人民依憲法第16條享有之訴訟權所衍生之基本權。

被告除得自行為己辯護[17]外，辯護人於審判期日，亦得為被告行使其辯護權，除依刑事訴訟法第289條規定，於調查證據完畢後，就事實及法律所為之辯論外，於審判長踐行調查證據程序時，現行刑事訴訟法並擴張賦予當事人、代理人、辯護人或輔佐人之「參與調查證據權」，第164條、第165條規定審判長「應將證物提示當事人、代理人、辯護人或輔佐人，使其辨認」、「應向當事人、代理人、辯護人或輔佐人宣讀或告以要旨」；尤其於第166條至第166條之6等有關對證人、鑑定人行交互詰問，為審判程序進行之最核心部分，均有賴辯護人踐行辯護權，以保障被告之

---

[17] 被告進行辯明犯罪嫌疑之行使，必須在法院進行告知刑訴法第95條被告訴訟權之後，始得為之。最高法院97年度台上字第2881號判決要旨即指出：「我國刑事訴訟制度本採職權主義，民國92年修正前刑事訴訟法第287條規定檢察官陳述起訴要旨後，「審判長應就被訴事實訊問被告」，既謂「訊問」，自與單純徵詢意見之「詢問」不同，乃係以究明真偽為目的之問話，即將被告作為調查之對象，視被告之陳述為證據方法之一，帶有濃厚之糾問色彩，以落實法院調查證據職權之行使，並予被告辯明犯罪嫌疑之機會，為審判長於審判期日所應踐行之訴訟程序，否則，逕行辯論終結，即屬於法有違。然修正後之現行刑事訴訟調整為改良式當事人進行主義，加強當事人訴訟地位，審判程序之進行，以當事人間之攻擊、防禦為主，法院依職權調查證據，僅具輔助性質，於當事人聲請調查之證據調查完畢後，始補充進行，故修正後將上開規定移列至同法第288條第3項，並修正為「審判長就被告被訴事實為訊問『者』，應於調查證據程序之最後行之」，同時於原第287條「檢察官陳述起訴要旨後」，增列「審判長應告知被告第95條規定之事項」，就訊問被告被訴事實而依職權調查證據之進行與否，明文賦與審判長斟酌判斷之職權，於認有必要時始為之，予被告辯明犯罪嫌疑之機會，俾淡化職權主義色彩，以符合改良式當事人進行主義精神，復使被告仍於調查程序伊始，即知悉其被訴之犯罪嫌疑與所犯所有罪名，而得請求調查有利之證據，資以兼顧其訴訟上防禦權之保障。」

權益，落實當事人對等原則，以示公平法院不存有任何之主見。刑事辯護制度既係為保護被告之利益，藉由辯護人之專業介入，以充實被告防禦權及彌補被告法律知識之落差，使國家機關與被告實力差距得以適度調節，促成交互辯證之實體發現，期由法院公平審判，確保國家刑罰權之適當行使而設。因此，被告在刑事訴訟進行時之真實性有利於己之辯明或辯解，乃是行使其訴訟上之防禦權，應認為與被告緘默權行使有相同之效果，因此被告單純消極否認犯行時，所持之辯解縱使不能成立，除非有確實證據足以證明對於被告犯罪已無合理之懷疑外，於實體上不能遽為有罪之認定。

　　被告行使緘默權之效果，不得以刑罰或其他制裁（例如不服從法官命令之罰鍰或論以侮辱法庭罪），乃緘默權固有領域上之直接效果，學理上已不具爭議外，至於其他之效果如(1)有罪推定之禁止，(2)侵害緘默權所取得證據之證據能力，(3)緘默權是否具有中斷偵訊之效果，(4)其他程序上不利益推論之禁止（如保持緘默量刑上科以較重之刑），見解仍有所不同，解釋上亦不一致[18]。我國目前實務見解[19]上對恣意或惡意違反告知被告行使緘默權所取得之供述證據，認不具有證據能力，以及不得因被告行

---

[18] 參見陳運財，〈論緘默權之保障〉，收錄氏著《刑事訴訟與正當之法律程序》，1998年，頁349。王兆鵬，〈緘默權的實證研究〉，收錄氏著《刑事被告的憲法權利》，1999年，頁91至100。

[19] 刑事訴訟法於民國92年2月6日修正公佈時，已於第158條之2明文規定：「違背第九十三條之一第二項、第一百條之三第一項之規定，所取得被告或犯罪嫌疑人之自白及其他不利之陳述，不得作為證據。但經證明其違背非出於惡意，且該自白或陳述係出於自由意志者，不在此限。」「檢察事務官、司法警察官或司法警察詢問受拘提、逮捕之被告或犯罪嫌疑人時，違反第九十五條第二款、第三款之規定者，準用前項規定。」另參見最高法院92年度台非字第114號、92年度台上字第4003號判決。林鈺雄，〈論告知義務─評台北地院八十八年度訴字第二八六號刑事判決〉，收錄氏著《刑事法理與實踐》，2001年，頁200至210。

使緘默權，而為不利益推定[20]，已取得共識。而所謂不利益推定之禁止，依刑事訴訟法第156條第4項規定「被告未經自白，又無證據，不得僅因其拒絕陳述或保持緘默，而推斷其罪行。」乃指禁止對被告為不利於犯罪事實之推定[21]，也就是禁止有罪之推論。至於被告保持緘默或進行辯解時，法院量刑上能否科以較重刑之程序上不利益之禁止？則詳如下論述[22]。

四、被告犯罪後態度之量刑因素與被告坦承犯行之評價

　　刑事審判程序上大抵而言包含二個程序，一是認定有罪或無罪之程序，即認定事實與適用法律，可稱之為「論罪」程序，二是決定如何處罰之程序，可稱之為「量刑」或「科刑」程序。法院就被告被訴犯罪事實定罪後之量刑[23]問題，向為各界所關注，所以於民國92年2月6日修定刑事訴

---

[20] 見最高法院93年度台非字第70號判決。

[21] 最高法院94年度台上字第2677號判決要旨亦指出：「刑事訴訟法雖以被告為法院調查證據之對象，被告之陳述，固得作為證據資料，惟刑事訴訟程序上，為保障被告防禦權之行使及尊重被告陳述之自由，規定被告有緘默權，即被告除有積極的陳述自由外，基於不自證己罪原則，亦有消極的不陳述自由，不能強令其自負清白之責任，如被告選擇緘默，不能遽認其詞窮理屈而據為不利於被告之裁判理由。」93年度台上字第2145號判決更指出：「刑事被告得保持緘默，無須違背自己之意思而為陳述，亦不負自證無罪之義務；至刑事訴訟法第一百六十一條之一規定，被告得就被訴事實指出有利之證明方法，係賦予被告主動實施防禦之權利，以貫徹當事人對等原則，並非將檢察官應負之舉證責任轉換予被告。倘檢察官所提出之證據，不足為被告有罪之積極證明，或所指出之證明方法，無從說服法院以形成有罪之心證，基於無罪推定之原則，自應為被告無罪判決之諭知，不得以被告否認犯罪所持之辯解為不可採，或不能指出其有利之證明方法，遽為有罪之認定。」其他相同判決甚多，不再一一贅引。

[22] 至於被告行使緘默權之效果，是否具有中斷偵訊之效果，因不在本文探討範圍內，爰省略之。

[23] 我國刑法、刑事訴訟法均未使用「量刑」或「刑罰裁量」之用語，僅於刑法第57條及刑事

訟法時，就在刑事訴訟法第289條第3項增加了所謂「科刑辯論」。法院依照刑事訴訟法第285條至第290條審判期日程序之進行，檢察官於法院證據調查程序完畢開始言詞辯論後之論告，緊接著就是法院詢問當事人對本案被告科刑意見之表示時，當然檢察官得以量刑問題，提請法官注意適當的量刑原則，並且對被告提出具體求刑的意見[24]。目前各界對於法官量刑是否偏頗失當，稍有疑義，而量刑基準[25]屢有因法官而異之譏，判決中有關刑罰裁量事項如未予以詳細揭露[26]，則「自由裁量」、「自由心證」極易變成決定刑罰之唯一理由，大多數認定有罪案例中，當事人不服而提起上訴之理由並非對原法院認定事實不服，而是對原判決量刑不當的不服，讓人質疑量刑合理化、正當性的問題。

　　量刑（或稱科刑、刑罰裁量等）之標準與科刑之基礎，二者之關係至

訴訟法使用「科刑」之用語，實際上此處之「科刑」，為刑罰裁量概念。因刑罰裁量係指法官針對具體個案在應適用刑罰的法定範圍內，決定刑罰的種類與刑度，不但針對刑罰種類之質，還包含刑度的量。量刑，就是刑罰裁量是法官依據刑法與刑事訴訟法所規定的方法與規則，而酌量決定一個最能相當於犯罪行為與適合犯罪行為人的法律效果之職務行為。而「量刑」之用語，已為司法實務界及學界廣為使用在法院刑罰裁量。

[24] 有關檢察官求刑與法院量刑之關係，請參見劉邦繡，〈論當事人求刑與法院量刑〉，《司法週刊》第1500期，2010年7月15日，及本書第三章。

[25] 我國刑法並無量刑基準之明文規定，僅有刑法第57條10款及第58條科刑或科罰金時應審酌之量刑事由。惟觀刑法有關刑罰裁量包括刑罰種類之選擇、刑罰分量之決定二項基本問題。前者如主刑、從刑、保安處分之選擇；緩刑、易科罰金、易服勞役之適用與否等。後者則有刑罰加重、減輕、免除等不同裁量原則。

[26] 根據民間司法改革基金會及台北律師公會，公布委託台灣大學法律系王兆鵬教授、台北大學統計系林定香教授及中研院社研所楊文山主任，完成的「竊盜罪」統計實證研究結果顯示：在判決書中，法官對此相關因素多含混帶過，甚至完全不曾提及，比例也非常高。如此更令人質疑法官量刑是否有遵照刑法第57條規定，或只是憑印象量刑。46%的判決未提及斟酌犯罪動機。51%的判決未提及斟酌犯罪目的。43%的判決未提及斟酌犯罪手段。30%的判決未提及斟酌被告犯罪後態度。見http://www.jrf.org.tw/line/focus.asp?SN=434（瀏覽日期：2010年11月1日）

爲密切，在適用上，對於犯罪行爲事實論罪科刑時，須先確認科刑之基礎，始得進而依科刑之標準，諭知被告一定之宣告刑。而責任原則，不僅爲刑事法律重要基本原則之一，且爲當代法治國家引爲科刑之基礎。我國關於具體量刑之刑罰裁量基準，規範在刑法第57條：「科刑時應以行爲人之責任爲基礎，並審酌一切情狀，尤應注意下列事項，爲科刑輕重之標準：一、犯罪之動機、目的。二、犯罪時所受之刺激。三、犯罪之手段。四、犯罪行爲人之生活狀況。五、犯罪行爲人之品行。六、犯罪行爲人之智識程度。七、犯罪行爲人與被害人之關係。八、犯罪行爲人違反義務之程度。九、犯罪所生之危險或損害。十、犯罪後之態度。」[27]此10款作爲法院刑罰裁量時的參考因素，仍屬抽象，其中第10款「犯罪後之態度」，攸關行爲人對於犯罪的良知感受問題，犯人犯罪後的態度乃橫跨行爲人責任評價與刑事政策兩方面的事實[28]。縱使在刑法有第57條量刑應行審酌之基本規範條文，仍難看出刑罰裁量的基礎與裁量的方法爲何[29]，刑罰裁量的認知，一直都處於一個摸索的階段，似乎認爲刑罰裁量是屬於法官個人的認知問題[30]，因此在具體法律效果的刑罰量定上，常出現游移不定的現象，對刑罰裁量應審酌之事由亦多有所疑惑，此在首開所舉例之三則最高法院判決，即可見端倪。

---

[27] 現行刑法第57條，乃2005年刑法修正時，在刑罰裁量基本規範的第五十七條，導入裁量認定的基礎「爲行爲人之責任」，希望能在法律適用的具體實現上，提供一可資依循的方向，但單純以一個「行爲人之責任」，恐仍不能使得刑罰裁量得到妥適的解決。

[28] 【日】大谷實著，黎宏譯，《刑事政策學》，北京，法律出版社，2000年，頁179。

[29] 柯耀程，《刑法總論釋義─修正法篇（下）》，2005年，頁477。

[30] 根據社會學的研究顯示，法官對各案件的反應採用標準不一，情感、良知或社會壓力控制著重大案件的審理。見【美】Lawrence M. Friedman著，吳錫堂、楊滿都譯，《社會與法律》，巨流圖書，1991年，頁161至162。

　　法院判決書量刑事由提及「犯罪後之態度」，都會關連到刑法第57條第10款，然而「犯罪後之態度」從法定刑經處斷刑，最終至宣告刑的法院量刑過程，每個階段都可以窺見其影響力，首先，從法定刑至處斷刑之階段，將「犯罪後之態度」類型化之事由明定做為法定刑減免，例如中止犯、自首、自白、釋放被擄人等[31]；而從處斷刑至宣告刑階段，始考量刑法第57條之量刑事由[32]。本文認為刑法第57條第10款「犯罪後之態度」，其判斷之基礎在：(一)犯罪之抑制，即對社會或被告本身是否能發揮刑罰之抑制機能。(二)犯人之改善更生，即刑罰是否有矯正教育的功能。因此，「犯罪後之態度」應考量的是行為人刑罰的預防目的與功能上強調的是犯罪行為人犯罪後之悔悟[33]。

　　當被告在刑事程序中的行為表現，其中被告自白坦承犯行、或被告消極否認自己實施了犯罪行為之辯解，或雖然承認犯罪，但辯稱不應追究刑事責任或者應當從輕、減輕或者免除刑罰等的辯解上，如被告坦承犯行、與被害人和解、誠意改過而有所悛悔之情狀作為量刑之事由上，立法者或司法者站在鼓勵犯後之態度或行為良好，而予以減輕其刑，應屬合情合理與合法，在比較法上以美國法院量刑法則與實務上而言，被告坦白犯行認

---

[31] 刑事法中以犯罪後態度為量刑事由者，詳見本文附表，而被告犯後態度良好，在刑事訴訟法上則檢察官得考量為緩起訴（第253條之1）、聲請簡易判決處刑（第451條）、進行認罪協商（第455條之2）。惟此部分之探討，不在本文論述範圍，請參見冷函芸，《刑罰裁量之研究—以犯罪後態度為中心》，中國文化大學法律學研究所碩士論文，2008年，頁46至55。

[32] 刑法第57條規定，為臚列科刑時應注意之事項，犯罪後態度，僅為刑法第57條科刑時應審酌之事項，尚非刑法第59條酌減其刑之要件。

[33] 參照曾淑瑜，〈論量刑之判斷〉，收錄在法務部編印《刑事政策與犯罪研究論文集（9）》，2006年11月，頁2至3。

罪越早，享有刑度上之減輕越多[34]；故而被告在刑事訴訟程序中，表現坦承合作，來推測其罪責的心態或危險程度降低，作爲法院量刑上審酌的依據，乃爲法律所容許[35]。本文首開二則最高法院97年度台上字第6725號、98年度台上字第5827號判決要旨，均指出被告於犯罪後的態度足以顯示行爲人的可責性與危險性，當被告犯罪後，坦承犯行並對於其犯罪行爲所造成之損害，盡力從事回復原狀或補償，顯見行爲人頗具悔悟之心，故可爲減輕罪責之依據，得以之作爲認定被告有刑法第57條「犯罪後之態度」良好的有利審酌因素，應值認同[36]。

---

[34] 美國量刑指導法則之第三章調整規則，即有規定承擔罪責之調整，當被告在自己偵查或起訴中之案件中協助司法機關訴訟程式進行並有意願作認罪答辯者，從而使法院有效率利用司法資源而訴訟經濟，得減少原先量刑指導法則所定犯罪刑度級數之二級之外，再減少一級。參見許金鎧，美國聯邦量刑準據之研究—兼論我國建立量刑準據之可行性，出國報告，2006年，頁23；全文亦刊載：政府出版資料回應網http://open.nat.gov.tw/OpenFront/report/show_file.jsp?sysId=C09401970&fileNo=001呂忠梅，《美國量刑指南—美國法官的刑事審判手冊》，北京法律出版社，2006年，頁316至318。

[35] 柯耀程，《刑法總論釋義—修正法篇（下）》，2005年，頁531至532。林山田，〈論刑法裁量〉，收錄氏著《刑事法論叢(一)》，1997年，頁100至101。林山田，《刑法通論（下冊）》，2002年，頁501至532。蘇俊雄，《刑法總論III》，2000年，頁432。

[36] 以美國爲例，美國之刑事訴訟制度與大陸法系不同，被告起訴後需向法院聲明認罪與否（plead guilty or not guilty），若被告認罪，有如民事訴訟程序上的認諾，則法院無庸就實體爲審判，得逕爲對檢察官有利之判決，判決被告有罪。反之，若被告聲明無罪，則法院就被告有罪與否需爲實質的審判，美國聯邦法院極大多數的法官都會對認罪的被告科較輕之刑，而對聲明無罪但嗣後被判決有罪的被告科以較重之刑。其主要理由是法官認爲被告之認罪爲有悔意之表徵，以及被告之認罪可加速訴訟之結束，節省法院之資源。見王兆鵬，〈審判階段緘默權之理論研究〉，收錄於氏著《刑事被告的憲法權利》，1999年，頁55。

五、被告行使緘默權或辯解權而否認犯行之評價與量刑

被告行使緘默權或被告放棄保持緘默權而行使有利於己辯解權，於法院審判程序中作否認犯行之供述時如何評價？乃涉及被告不自證己罪原則下防禦權行使之保障，以及能否關連到刑法第57條量刑上之審酌因素。被告行使緘默權或否認犯行，是否得作為量刑上不利益考量的因素，學者間有如下不同之見解：

(一)肯定說[37]：認為緘默權之內容，是禁止以強制的方法取得有關犯罪事實的供述，侵害緘默權所獲得對被告不利的證據，不具證據能力。至於被告保持緘默或否認犯行的態度，是否可以作為從重量刑之理由，並非緘默權之本來效果問題，由於自白在量刑上可以作為有利被告事項加以考慮，反面而言，將保持緘默的被告，當作犯罪後態度而為不利的考慮，應無不當之處。

(二)否定說[38]：認為如果被告自白，量刑即從輕，被告否認，量刑即從重，如此一來，絕對無法保障供述自由，因此，不能因為被告保持緘默，即據此而從重量刑。

本文認為，被告在訴訟程序中對於被訴之犯罪嫌疑及罪名保持緘默或

---

[37] 柯耀程，《刑法總論釋義—修正法篇（下）》，2005年，頁531至532。林山田，〈論刑法裁量〉，收錄氏著《刑事法論叢(一)》，1997年，頁100至101。林山田，《刑法通論（下冊）》，2002年，頁501至532。蘇俊雄，《刑法總論III》，2000年，頁432。張麗卿，《刑事訴訟法理論與運用》，五南圖書，2004年，頁118。

[38] 王兆鵬，〈審判階段緘默權之理論研究〉，收錄氏著《刑事被告的憲法權利》，1999年，頁56。蔡墩銘，《刑事審判程序》，五南圖書，1992年，頁526。林鈺雄，《新刑法總則》，2006年，頁640。曾淑瑜，〈論量刑之判斷〉，收錄在法務部編印《刑事政策與犯罪研究論文集（9）》，2006年11月，頁15。

消極否認犯行之行為，乃被告防禦權有效與正當行使，縱使法院審判結果認為被告有罪，亦不應以此作為被告犯後態度不佳，而成為法院量刑審酌從重之事由。現行法律中如有以被告拒絕陳述之犯後態度而作為刑罰裁量加重事由[39]，應認為已違反憲法上保障被告不自證己罪原則，以及被告拒絕陳述或保持緘默之訴訟權。因為將被告拒絕陳述，立法上作為法院量刑上之法定量刑加重事由，顯會造成強迫被告放棄緘默權而作出陳述，乃是對於刑事被告陳述自由或緘默權行使最核心之直接侵害[40]。被告單純否認被訴之犯罪事實，本毋庸令其負自證無罪之責任，除非被告有抗辯事項，亦僅就其抗辯負提證責任，從而，被告保持緘默、拒絕陳述或單純否認犯行或消極性否認自己實施了犯罪行為，或雖然承認犯罪，但辯稱不應追究刑事責任或者應當從輕、減輕或者免除刑罰等之辯解，應屬於被告之不自證己罪原則保障範疇下被告單純行使其訴訟上之防禦權，難以認為得與其犯罪後之態度有所關連性，更不應以此作為法院量刑上審酌之考量因素。因此，前述該二則最高法院97年度台上字第6725號、98年度台上字第5827號判決要旨所指出，被告基於防禦權之行使而自由陳述、辯明或辯解時之態度，如係指被告消極否認自己實施了犯罪行為，或雖然承認犯罪，但辯

---

[39] 例如槍砲彈藥刀械管制條例第18條第4項規定：「犯本條例之罪，於偵查或審判中自白，並供述全部槍砲、彈藥、刀械之來源及去向，因而查獲或因而防止重大危害治安事件之發生者，減輕或免除其刑。拒絕供述或供述不實者，得加重其刑至三分之一。」然此項後段之規定，法院已意識到有違反了「不自證己罪」，以及被告得保持緘默，無須違背自己之意思而為陳述之憲法上所保障基本人權，而有違憲之虞，因此給予實質凍結，形成有條文但幾乎不見實務上有任何以拒絕供述或供述不實者，得加重其刑至三分之一裁判的情形；見司法院第38期司法業務研究會曾提出研究意見，嗣經研討結論：予以保留。見司法院《刑事廳編輯刑事法律專題研究（十五）》，頁316至317。

[40] 參見陳運財，〈論緘默權之保障〉，收錄氏著《刑事訴訟與正當之法律程序》，1998年，頁352。林鈺雄，〈論不自證己罪原則—歐洲法整合趨勢及我國法發展之評析〉，《臺大法學叢刊》，第35卷第2期，2006年3月，頁48。

稱不應追究刑事責任或者應當從輕、減輕或者免除刑罰等之辯解上，或被告行使其緘默權，則非屬刑法第57條第10款所稱犯罪後之態度，不得因被告否認或辯解之內容為法院所不採時，即予負面評價，逕認其犯罪後之態度不佳，而採為量刑畸重標準之一，亦可資贊同。

六、被告積極性否認犯行之評價與量刑

作為擁有辯護權的當事人，被告對自己的辯護權可以自由的由自己行使，或委由辯護律師行使之，也可以自願地放棄，當然被告選擇放棄自己的辯護權，也可以保持緘默——概不做無罪的辯解，也不做有罪之自白，亦可以自願地做出認罪之供述；因此，從被告行使訴訟上之防禦權角度觀察之，被告有三種選擇方式：一是無罪辯解，二是保持緘默，三是有罪陳述。當被告非僅單純做無罪辯解之消極否認被訴犯行，而是同時故為不實虛偽之陳述，推卸自己的罪責或報復陷害他人，故意虛構他人犯罪行為，進行有計劃否認犯行狡辯陳述之攀誣，此等被告訴訟上有計畫性狡辯之攀誣行為，應已溢出被告防禦權正當行使範疇，所進行積極性否認犯行之攀誣性辯解情形，已顯示被告的行為人性格之惡性，已足以影響被告的行為人責任，法院應可以此作為量刑審酌被告犯後態度之事由[41]，以達成刑罰改善被告之目的。此在比較法上之美國聯邦量刑準據§3C1.1亦有規定：被告為其犯行意圖且實施阻礙司法調查、偵查或量刑程序之行為，且該行為關係到被告所犯罪名之成立或相關案件罪責之成立時，其所犯之犯行級

---

[41] 相同見解，如柯耀程，《刑法總論釋義—修正法篇（下）》，2005年，頁531至532。林山田，〈論刑法裁量〉，收錄氏著《刑事法論叢(一)》，1997年，頁100至101。

數應增加二級[42]；亦可資參照。

　　法官不應將被告利用刑事程序所賦予的訴訟權利而行防禦的訴訟行為，如保持緘默或單純否認犯行或進行眞實性有利於己之辯解，當作不利於行爲人的刑罰裁量事實，已如上所述。固然我國刑事訴訟法的體系解釋，被告確實是不負眞實陳述的義務；但被告並無說謊權利，一旦被告放棄緘默開始說話，就不可以說謊，並無悖於被告不自證己罪的原則，不能把被告緘默權強化爲被告有說謊的權利。被告防禦權及辯護權之行使，自應予保護及重視，惟被告的防禦及辯護，採取的手段及方式須在法律所容許的範圍內，才是一種權利，並受到保護。若採取的手段或方式已非適法甚且違法，即非屬於被告防禦權或辯護權的範疇，自不在法律保護範圍內，尙難將防禦權及辯護權的範圍無限擴張，不受任何限制與約束，例如被告積極否認犯行外，並使用該僞造、變造之證據乃違法行爲，或被告或辯護人爲阻止對被告不利之證人出庭作證，或使其作不實的陳述，防礙事實眞相的發現，而百般騷擾證人，顯已逾越被告防禦權及辯護權的範圍，更非被告防禦權或辯護制度存在的目的，自不在被告防禦權或辯護權之範疇，自不能以行使防禦權、緘默權及辯護權爲由，不應予以非難。

　　當被告有計畫地作有利於己的不實陳述，於刑事訴訟程序中積極性否認犯行並進而爲虛僞陳述、掩飾犯行、污陷他人、意圖嫁禍他人、虛僞自白，作說謊狡辯性供述之辯明或辯解乃是攀誣之行爲，既非在被告緘默權行使保障之範圍，亦不應認爲屬被告適法防禦權之行使範疇，故本文前開所舉最高法院95年度台上字第701號判決所指出，被告得享有緘默權與辯

---

[42] 參見許金鎧，《美國聯邦量刑準據之研究─兼論我國建立量刑準據之可行性》，出國報告，2006年，頁20。全文亦刊載：政府出版資料回應網http://open.nat.gov.tw/OpenFront/report/show_file.jsp?sysId=C09401970&fileNo=001

明犯罪嫌疑之機會，但此項權利之行使，仍有合法、正當、誠實、信用原則之適用，否則即無權利行使之可言，既非權利行使，故為狡展，此等積極性否認犯行堪認屬被告「犯後之態度」，自屬刑法第57條第10款所定犯罪後態度，為法院科刑應審酌之情狀事項，應屬的論中肯允當之見解。至於最高法院97年度台上字第6725號判決，認為被告有所辯解、辯明而自由陳述，無論是消極不陳述與積極陳述或保持緘默，均不能以此作為被告犯罪後毫無悔意、態度不良之法院量刑評價，將被告保持緘默、消極否認犯行所作之有利於己之辯解行為，均評價等同於被告否認犯行下所為積極陳述之有計畫攀誣或狡辯行為，認為均不得以之做為量刑審酌之因素，當非公允，而有所可議[43]。本文亦認為「犯罪後之態度」做為法院量刑審酌之因素，乃基於特別預防理論[44]之背景，又屬於行為人責任之裁量因素，法院在個案量刑上，除了以行為人之行為責任，依應報刑理論給予被告應得之刑罰，應合法、合情判斷，刑罰裁量之際，正義不應是絕對而是應分配得當且考量目的性之觀點[45]。當被告積極性否認犯行作攀誣性辯解，自得

---

[43] 根據美國學者對該國量刑之探討，顯示：「量刑在維護（或破壞）刑事法院訴訟程序的合法性中扮演了一個重要的角色，被害人對整個刑事司法制度的滿意程度，主要取決於被害人對判決的滿意程度。與此相似，公眾對刑事司法制度的滿意程度似乎與公眾對量刑的認識密切有關，確保罪刑一致是實體公正的重要方面，公眾對罪犯沒有得到他們應得懲罰的反應造成了美國許多州量刑程序的改革。」見【美】Ellen Hochsteder Steury Nancy Frank 著，陳衛東、徐美君譯，《美國刑事法院訴訟程序》，北京，中國人民大學出版社，2002年，頁547。

[44] 特別預防理論，又可稱為「個別預防理論」，此一理論強調者乃犯人的「再社會化」，刑罰不應只是為報應犯罪，它應該是促使犯人能夠再適應社會共同生活之有效工具，因此刑罰應依據達成再社會化的需要程度而決定。見林山田，《刑罰學》，台灣商務印書館，1998年，頁72至73。

[45] 參見【日】阿部純一著，余振華譯，〈量刑之位置價說〉，《刑事法雜誌》，第37卷第2期，1993年4月，頁69。

以之作爲法院判斷被告犯後態度之量刑審酌因素,以分別於被告消極性否認犯行之辯解行爲而予以不同評價,始有符合公理與正義之刑罰實現[46]。

七、結論

　　被告基於「不自證己罪原則」,得行使其緘默權而無供述之義務,同時亦不負自證清白之責任,從而被告緘默權或消極性否認犯行,或作眞實性之有利於己辯明、辯解權之行使,均是在保障被告受無罪推定或不自證己罪原則下的被告防禦權行使之範疇內,法院量刑上審酌之被告犯後之態度,與被告行使緘默權之效果應不能予以連結,而作量刑上不利被告之審酌。因爲緘默權乃我國刑事訴訟法第156條第4項之程序規範設計,乃被告憲法上訴訟權行使不自證己罪原則之核心內涵,而量刑乃刑法第57條之規範設計,是被告經法院爲實體上認定有罪後刑罰之賦予,因而於法院量刑上應行審酌之被告犯後之態度與被告行使緘默權之效果應不能予以連結,始能保障被告不自證己罪緘默權之行使[47]。至於當被告積極性否認犯行並進而爲虛僞陳述、掩飾犯行、污陷他人、意圖嫁禍他人、虛僞自白,作說

---

[46] 參照林山田,〈論刑法裁量〉,收錄氏著《刑事法論叢(一)》,1997年,頁100至101。

[47] 參見最高法院94年度台上字第7169號、第2508號,93年度台上字第2240號、第2753號,第2570號、第1456號、第1457號,91年度台上字第7498號、第4721號判決要旨均已指出:「被告否認犯罪事實所持辯解縱使不能成立,除非有確實證據足以證明對於被告犯罪已無合理之懷疑外,不能遽爲有罪之認定,刑事訴訟法規定被告有緘默權,被告基於「不自證己罪原則」,旣無供述之義務,亦無眞實陳述之義務,同時亦不負自證清白之責任,不能因被告未能提出證據資料證明其無罪,即認定其有罪;至法院審理刑事案件,檢察官對於控訴被告犯罪事實的證明責任,自包括提出證據的責任與使審理事實之法院相信被告有犯罪事實的心證責任,必須使法院無合理之懷疑,始得認定被告有罪。」其他相類同之判決頗多,不再一一贅引。

謊狡辯性供述之辯明或辯解，即非在被告緘默權行使保障之範圍，則不應認為屬被告適法防禦權之行使範疇，應得以之作為被告犯後態度之量刑審酌因素[48]。

首開三則最高法院判決，其中最高法院97年度台上字第6725號判決，認為被告保持緘默或有所辯解、辯明以及被告積極性之否認犯行之狡辯行為，均不得以之做為量刑審酌之因素，未能區分被告保持緘默或單純否認犯行而為消極性辯解或積極否認犯行而為攀誣，作不同評價，一概認為不得作為法院量刑審酌之被告犯罪後態度審酌因素，尚非公允；而98年度台上字第5827號判決，認為被告保持緘默或否認犯罪，固屬基於防禦權而自由陳述（消極不陳述與積極陳述）或其辯明權、辯解權之行使，以此作為被告犯罪後毫無悔意、態度不良之評價，並資為量刑畸重標準之一，除非明顯有裁量權濫用之情形者，始固為法所不許，似較傾向容認被告在刑事程序中否認犯行之態度，評價為法院量刑審酌被告犯罪後態度之因素；至於95年度台上字第701號判決，則明確指出被告得享有緘默權與辯明犯罪嫌疑之機會，但此項權利之行使，仍有合法、正當、誠實、信用原則之適用，否則即無權利行使之可言。既非權利行使，被告否認犯行而固為狡展，即屬刑法第57條第10款所定犯罪後態度，得為法院科刑應審酌之情狀事項，立論公允，應屬的論。

---

[48] 相同見解，如學者林山田認為：行為人在刑事程序中的行為表現，亦是行為後的態度與行為的一個特別狀況，惟法官不應將被告利用刑事程序所賦予的訴訟權利而行防禦的訴訟行為（按此處所指防禦的訴訟行為，應係指緘默權之行使或消極性的否認犯行），當作不利於行為人的刑罰裁量事實，可是行為人若有計畫地作有利於己的不實陳述，或對真實的否認等等訴訟行為，則可作為為從重裁量的依據。見林山田，《刑法通論（下冊）》，2002年，頁501。林山田，〈論刑法裁量〉，收錄氏著《刑事法論叢(一)》，1997年，頁100至101。

　　目前我國法官仍然有較大的自由裁量權，法官量刑雖被視爲「自由裁量」之範疇，但尚非漫無標準，可任法官恣意而爲，是以刑法學上乃有「量刑基準」之概念，如我國刑法第57條、第58條即係關於法官量刑基準之規定。在刑罰之量定，固屬法院自由裁量之職權行使[49]，但刑事審判之量刑，是在實現刑罰權之正義，法院對科刑判決之被告量刑，即應符合罪刑相當原則，使罰當其罪，以契合人民之法律感情，量刑不是法官在黑暗中摸索的偶然與隨心所欲的決定[50]。刑法第57條所列10款應僅是例舉規定，該條本文尚有規定科刑時「應審酌一切情狀」之要件，在刑法第57條法定的刑罰裁量事由，屬於與行爲事實相關的量刑事由者，包括第1款到第10款，這些事由都可能做爲於法定刑度內加重或減輕的事由，況且個案量刑審酌之情狀應爲整體綜合之觀察，並應以行爲人之責任爲基礎，如已斟酌刑法第57條各款所列情狀，包括刑罰目的性之考量、刑事政策之取向，以及行爲人刑罰感應力之衡量等因素爲之觀察，倘其刑之量定並未逾越公平正義之精神，客觀上亦不生量刑畸重之裁量權濫用，當事人亦不得

---

[49] 量刑固屬實體法上賦予法院得爲自由裁量之事項，但法律上屬於自由裁量之事項，並非概無法律性之拘束。自由裁量係於法律一定之外部性界限內，使法官具體選擇以爲適當之處理；因此在裁量時，必須符合所適用之法規之目的。更須受法律秩序之理念所指導，此亦即所謂之自由裁量之內部性界限。也就說法院行使量刑職權時仍應受比例原則與平等原則等一般法律原則之支配，以期達成客觀上之適當性、相當性與必要性之價值要求。若違反比例原則、平等原則時，自有濫用裁量權之違法。參見最高法院96年度台上字第7448號判決。

[50] 最高法院94年度台上字第2131號判決要旨亦表示：「刑事審判旨在實現刑罰權之分配正義，故法院對於有罪被告之科刑，應符合罪刑相當之原則，使輕重得宜，罰當其罪，此所以刑法第五十七條明定科刑時，應審酌一切情狀，尤應注意該條所列十款事項，以爲科刑輕重之標準，並賦予法院裁量權。而判決於科刑之理由，如僅載稱審酌被告之品行、犯罪之動機、目的、手段、犯後態度等一切情狀，因此記載，均僅爲法律抽象之一般規定，並未說明各該事項之具體情形，其量刑是否妥適無從據以斷定，自有判決理由未備之違法。」

僅因判決書記載「事後否認犯行之態度，毫無悔意」等用語文字，即遽謂法院剝奪被告之緘默權。因此，本文認為就被告犯後態度與法院量刑關係之評價，應是「被告自白則量刑從輕」，「保持緘默或消極否認犯行則量刑上不予理會」，「積極否認犯行故為虛偽攀誣則量刑從重」[51]。從而，本文乃認為上開最高法院98年度台上字第5827號、95年度台上字第701號判決要旨所提出之見解，應屬較為允當，可資參照。

（原文刊載軍法專刊第57卷第1期，2011年2月）

---

[51] 相同見解，如王士帆，《不自證己罪原則》，春風煦日學術基金，2007年，頁127。著者亦認為在被告不自證己罪原則下之刑罰裁量應採取：「被告自白減輕、緘默不理、說謊加重。」另如許金鎖，同註42，著者同樣指出我國應參考美國量刑準據§3C1.1亦有規定，當被告為其犯行意圖且實施阻礙司法調查、偵查或量刑程序之行為，當被告罪責成立時，其所犯之犯行量刑應予增加級數。

附表一　刑罰之加重減輕事由

加重事由	適用法條
1.累犯	刑法§47 I
2.連續犯	刑法§56（修正前）
3.對親屬犯罪	刑法§170、250、280、295、303
4.公務員包庇或犯行	刑法§134 I、231 II、231-1 III、264、270、296-1 V貪污治罪條例§7、藥事法§89、槍砲彈藥刀械管制條例§16、17（刪）、兒童及少年性交易防制條例§30、組織犯罪防治條例§4及毒品危害防制條例§15
5.利用或對兒童犯罪者	兒童福利§43（廢）、兒童及少年福利與權益保障法§112 I、兒童及少年性交易防制條例§31
6.成人教唆幫助或利用少年犯罪或與之共同犯罪	少年事件處理法§85 I
7.無照、酒醉、吸毒麻藥駕車致人傷亡	道路交通管理處罰條例§86 I
8.拒絕供述槍枝來源	槍砲彈藥刀械管制條例§18 IV後段（有違憲之虞）
9.裁量加重	刑法§58
10.利用業務或權勢犯罪	刑法§204 II、刑法§232
減輕事由	適用法條
1.未遂犯	刑法§26前段、27
2.幫助犯	刑法§30 II
3.裁判之酌減	刑法§59、60、61

減輕事由	適用法條
4.自首	刑法§62、102、122Ⅲ但書、154Ⅱ、貪污治罪條例§8Ⅰ、11Ⅴ前段、槍砲彈藥刀械管制條例§18Ⅰ、兒童及少年性交易防制條例§32ⅠⅡ、組織犯罪防制條例§8、洗錢防制法§11Ⅴ前段、公民投票法§42Ⅳ前段、銀行法§125-4Ⅰ、信用合作社法§38-4Ⅰ、金融控股公司法§57-2Ⅰ、信託業法§48-3Ⅰ、保險法§168-3Ⅰ、證券交易法§171Ⅳ、農業金融法§41Ⅰ、總統副總統選舉罷免法§86Ⅳ、§89Ⅳ
5.偵查或審判中自白	刑法§122Ⅲ但後段、166、172、貪污治罪條例§8Ⅱ、11Ⅴ後段、槍砲彈藥刀械管制條例§18Ⅳ、兒童及少年性交易防制條例§32ⅠⅡ、組織犯罪防制條例§8、公民投票法§42Ⅴ前段、洗錢防制法§11Ⅴ後段、銀行法§125-4Ⅱ、信用合作社法§38-4Ⅱ、金融控股公司法§57-2Ⅱ、信託業法§48-3Ⅱ、保險法§168-3Ⅱ、證券交易法§171Ⅴ、農業金融法§41Ⅱ、總統副總統選舉罷免法§86Ⅴ、§89Ⅴ。毒品危害防制條例§17Ⅱ（偵查及審判中均自白）
6.精神狀態	刑法§19Ⅱ
7.未成年	刑法§18Ⅱ、63、227-1
8.對親屬犯罪或協助犯罪	刑法§162Ⅴ、167、324、343、351、洗錢防制法§12
9.供出毒品來源而查獲正犯或共犯者	毒品危害防制條例§17Ⅰ
10.生理狀態瘖啞	刑法§20
11.行人慢車不依規定擅入快車道致人傷亡	道路交通管理處罰條例§86Ⅱ

減輕事由	適用法條
12.證人保護法	證人保護法§14 I
13.老者	刑法§18Ⅲ、63
14.犯罪後之態度悔悟	刑法§244、刑法§301、刑法§347V
14.其他	刑法§288Ⅲ

3 當事人達成求刑協商在法院量刑上之定位

最高法院97年度台非字第115號、95年度台非字第281號判決之探討

目次

■摘要 SUMMARY

檢察官代表國家對犯罪行為進行訴追權限產生「公訴權」，公訴權是一種「求刑權」，刑罰之量定，固屬法院自由裁量之職權行使，但刑事審判是在實現刑罰權之正義，法院對科刑判決之被告量刑，即應符合罪刑相當原則，使罰當其罪，以契合人民之法律感情，量刑不是法官在黑暗中摸索的偶然與隨心所欲的決定，檢察官對被告具體求刑之意旨，對法院量刑與檢察官求刑之關連性如何？而檢察官求刑之涵義？檢察官與被告協商達成案件起訴後檢察官向法院具體為特定刑度之求刑時，該被告於偵查中自白有無證據能力？檢察官單方之求刑或檢察官與被告協商所達成之求刑有無拘束法院量刑之效力？是否因法院適用不同之審理程序時有所不同？這些向為各界所關注有關法院判決量刑問題。本文為論述前述問題與疑義，乃從實務上最為相關之最高法院97年度台非字第115號、95年度台非字第281號判決闡述，試圖從刑訴訟法規定之求刑協商之類別，詳細說明當事人達成求刑協商在法院量刑上之定位。

一、前言

　　刑罰權是國家依照法定程序給予犯罪行為人刑事懲罰的權利[1]，由國家的立法機關事先決定對特定犯罪適用什麼幅度的刑罰比較合適，犯罪發生後，由檢察官代表國家對犯罪行為進行訴追權限產生「公訴權」，檢察官公訴權是一種基於國家統治權而產生的國家對犯罪行為的刑事訴訟程序意義上向法院的「刑罰請求權」，公訴權是一種「求刑權」，是檢察官基於偵查結果所提出的追訴，並非最終確定案件刑罰存否，案件的最終刑罰之確定是法院審判階段的任務。立法機關無法決定對特定犯罪到底多少刑罰是合適的，必須經由法院法官在法定刑或處斷刑範圍內，依實現刑罰目的，或達成刑罰個別化要求，決定具體之宣告刑。我國刑法針對各種犯罪所規定之刑罰，原則上採取相對法定刑，在刑罰被個別化的過程，法院量刑時對每一個罪犯的刑罰處遇種類與長度時，即擁有裁量空間[2]。

　　量刑固屬法院自由裁量之職權行使[3]，但刑事審判之量刑，是在實現

---

[1] 刑罰權，包括制刑權、求刑權、量刑權和行刑權。制刑權是立法機關制定何種行為應予科處刑罰的權限，包括：設定刑罰體系，規定量刑制度與情節，規定行刑制度與刑罰消滅制度。求刑權是請求法院對犯罪行為人予以刑罰處罰的權限，我國行使求刑權的主要是檢察官以提起公訴實行公訴方式行使之。量刑權是法院對已經起訴的案件在認定犯罪之定罪基礎上，對犯罪行為人是否處刑，處以何等刑罰的權限。行刑權是檢察、矯正機關根據法院裁判之刑罰，予以執行該刑罰的權限。

[2] 在量刑政策，持報應主義堅持刑罰必須和罪行保持比例關係，罪行越嚴重，刑罰就應該越嚴厲。而行為主義的支持者則認為刑罰不應當與罪犯的罪行的性質相適應，而應該與罪犯本人及社會其他人需要相適應，刑罰只能前瞻這些需要而不能回顧罪行的補償；參見【美】HerbertL.Packer，《The Limits of the Criminal Sanction》；梁根林等譯（2008），《刑事制裁的界限》，北京：法律出版社，頁12。此即刑事刑罰的意義與目的乃建立於應報與預防兩大基本思想上；參見林山田（1998），《刑罰學》，頁87至91，台北：台灣商務印書館。

[3] 量刑固屬實體法上賦予法院得為自由裁量之事項，但法律上屬於自由裁量之事項，並非概

刑罰權之正義，法院對科刑判決之被告量刑，即應符合罪刑相當原則，使罰當其罪，以契合人民之法律感情，量刑絕對不是法官在黑暗中摸索的偶然與隨心所欲的決定[4]，刑法學上乃有「量刑基準」之概念，如我國刑法第57條、第58條即係關於法官量刑基準之規定，而在刑事訴訟法第289條第3項即有規定所謂「科刑辯論」，依刑事訴訟法第285條至第290條審判期日程序之進行，檢察官於法院證據調查程序完畢開始言詞辯論後之論告，緊接著就是法院詢問當事人對本案科刑意見之表示時，檢察官當然得以量刑問題，提請法官注意適當的量刑原則，並且對被告提出具體求刑的意見，被告亦得對自己所犯案件具體刑度為表示與請求。而絕大部分案件中，當被告已知罪責難免，主要關心的即是罪責刑罰的輕重，公眾對此通常也很關心，因其直接影響被告的人身自由權[5]，而大多數案例中，當事人不服而提起上訴之理由並非對法院認定事實不服，而是對原判決量刑不當的不服，可見法院量刑問題，向為各界所關注。

無法律性之拘束。自由裁量係於法律一定之外部性界限內，使法官具體選擇以為適當之處理；因此在裁量時，必須符合所適用之法規之目的。更須受法律秩序之理念所指導，此亦即所謂之自由裁量之內部性界限。也就說法院行使量刑職權時仍應受比例原則與平等原則等一般法律原則之支配，以期達成客觀上之適當性、相當性與必要性之價值要求。若違反比例原則、平等原則時，自有濫用裁量權之違法。參見最高法院96年度台上字第7448號。

[4] 最高法院94年度台上字第2131號判決要旨亦表示：「刑事審判旨在實現刑罰權之分配正義，故法院對於有罪被告之科刑，應符合罪刑相當之原則，使輕重得宜，罰當其罪，此所以刑法第五十七條明定科刑時，應審酌一切情狀，尤應注意該條所列十款事項，以為科刑輕重之標準，並賦予法院裁量權。而判決於科刑之理由，如僅載稱審酌被告之品行、犯罪之動機、目的、手段、犯後態度等一切情狀，因如此記載，均僅為法律抽象之一般規定，並未說明各該事項之具體情形，其量刑是否妥適無從據以斷定，自有判決理由未備之違法。」

[5] 【日】田宮裕（1998），《刑事訴訟法》，頁425，有斐閣。

二、判決要旨之爭點與疑義

(一)最高法院97年度台非字第115號判決要旨

　　最高法院97年度台非字第115號，係一件檢察官所偵辦之盜採國有砂石案件，於偵查過程中經檢察官與被告黃○○達成被告願意供出其行賄公務員收賄情節，承辦檢察官隨即表示「同意用證人保護法就行賄部分予以適用，就盜採部分償還盜採砂石金額後予以從輕處分」等語，被告黃○○乃於偵訊中完全自白本人確有盜採砂石及向公務員行賄之行為外，亦供述其他共同被告如何盜採砂石及行賄之情節，其後偵查檢察官與被告就所犯行為如何從輕量處，達成「同意就行賄部分為緩起訴，並確認就加重竊盜部分，從輕求處徒刑十月，並請法院宣告緩刑，以啓自新」，嗣該案檢察官提起公訴時，在起訴書中載明：「請法院以有事實足認被告黃○○於犯後悛悔有據，請判處被告十月，又以被告前未曾受有期徒刑以上刑之宣告，並供出河川局公務員收賄，請予以宣告緩刑，用啓自新」等語。該案經台灣台中地方法院第一審審理後，並未依檢察官與被告達成之求刑意旨判刑，而是判決被告黃○○有期徒刑一年二月[6]。判決後實行公訴之檢察官不服該第一審判決對被告量刑過輕為由提起上訴，在上訴書中載明「被告黃○○所盜砂石量之巨，掠奪國家社會資源、破壞自然河道、影響公平秩序，及犯後態度等情，認原審量刑過輕，尚不足以儆效尤」等語；嗣該案經第二審法院審理判處被告有期徒刑一年二月定讞[7]後。檢察總長乃對

---

[6]　見台灣台中地方法院91年度訴字第2754號判決。

[7]　見台灣高等法院台中分院93年度上訴字第214號判決。判決中對該被告之量刑理由略以：被告黃○○於偵審時不僅對於其本身之犯行坦承，且供出亞洲砂石聯管公司之股東公司係如何盜採之情事，有助於法院釐清上開砂石聯管公司盜採砂石事實之認定，犯後態度良好，

該確定之第二審判決提起非常上訴，認為原第一、二審判決，科刑範圍均未如偵查中檢察官與被告黃○○所達成之上開之求刑（或稱量刑）協議，未採納檢察官與被告偵查中所達成之求刑協商內容，在判決理由中未詳載理由等予以指摘；最高法院審理該非常上訴後，認為在公訴案件，檢察官係代表國家為原告提起公訴，其所為具體求刑及為緩刑宣告與其期間、條件之表示，屬訴訟法上當事人之請求，除刑事訴訟法第451條之1第4項前段所規定，於聲請簡易判決處刑案件，法院應於檢察官求刑或緩刑宣告請求之範圍內為判決之情形外，並無拘束法院之效力，法院於審理過程亦無告知被告此無拘束力及是否依檢察官請求而為判決之義務，否則即形同於辯論終結前先告知判決內容，此顯非法所容許[8]；而原第二審判決已說明量刑時係審酌被告黃○○於偵、審中不僅對於其本身之犯行坦承，且供出其他被告如何盜採之情事，有助於法院釐清盜採砂石事實之認定，犯後態度良好，惟其大肆盜採，損害甚大，自不應予以緩刑宣告等理由，原第二審判決已就如何量刑及為何不予宣告緩刑，亦已詳述其理由，以非常上訴顯無理由駁回該非常上訴。

又能積極彌補損害及配合檢察官查賄，惟亞洲砂石聯管公司在其主導之下，盜採得196萬7360立方公尺之土石，而其所經營之漢臨公司所分配之盜採量在三個砂石聯管公司中僅次於被告林○○。爰量處被告黃○○有期徒刑一年二月。

[8] 相同見解如：最高法院98年度台上字第7695號判決要旨：檢察官起訴書所求處之被告刑期，對法院之量刑並無拘束力；況且原判決所認定之上訴人偽造有價證券次數及被害人人數，亦較起訴書所載情節為多，則原判決認定之犯罪事實，不但超過起訴書犯罪事實欄記載之範圍，且已就具裁判上一罪關係而為起訴效力所及之其他犯罪事實併予審理，原審量處較檢察官求刑為重之刑期，並未違法。最高法院98年度台抗字第102號裁定要旨：公訴檢察官於審判程序中所為求刑之表示，僅係供法院為刑罰裁量之參考，並無拘束法院科刑及執行檢察官是否准予易科罰金之效力。

(二)最高法院95年度台非字第218號判決要旨

　　最高法院95年度台非字第281號判決[9]，則係一件檢察官以通常程序起訴違反著作權法之案件，於第一審法院審理時，經被告自白犯罪後，經法院裁定改用簡易程序，而由原法官繼續審理[10]，並改依刑事訴訟法第449條第2項開啓簡易程序後，承辦法官當庭訊問被告：「願意受科刑之範圍或願意接受緩刑之宣告？」時，被告答稱：「願意接受簡易判決處刑量處有期徒刑六個月，如易科罰金以三佰元折算一日之範圍，且接受緩刑」，到庭執行職務之檢察官對案件在第一審法院依通常程序審理後改行簡易程序，及被告之所答願受科刑範圍均已知悉，承審法官並向檢察官提問：「對被告請求之刑度及請求緩刑之宣告，有何意見？」檢察官答以：「根據承辦檢察官表示偵查中被告否認犯行，態度不佳，若予以緩刑，請給予較長期之緩刑，並請斟酌刑度，其他無意見」等語，法官乃逕依當事人合議之求刑範圍爲簡易判決[11]。但檢察官收受該簡易判決後，提起上訴，第二審之地方法院合議庭，則依刑事訴訟法第455條之1第2項規定，認檢察官對不得上訴之簡易判決提起上訴，駁回其第二審上訴確定[12]。嗣檢察總長乃提對該確定之第二審判決起非常上訴，認爲檢察官於簡易程序中並未對被告具體求刑，第二審合議庭竟以檢察官對於不得上訴之案件提起上訴不合法律上之程式爲由，判決駁回上訴確定，其判決違背法令予以指摘；

---

[9]　相同案例，見最高法院96年度台上字第6861號判決，93年度台非字第243號，92年度台上字第6490號判決，80年度台非字第106號。

[10]　法院辦理刑事訴訟簡易程序案件應行注意事項第6點第2款規定：「檢察官以通常程序起訴之案件，經法院認宜依刑訴法第四四九條第二項逕以簡易判決處刑者，由原承辦股繼續審理。」

[11]　見台灣彰化地方法院95年度簡字第5號判決。

[12]　見台灣彰化地方法院95年度簡上字第38號判決。

而最高法院審理該非常上訴後，認為該案簡易判決乃依據被告所為具體求刑及請求之表示，及到庭執行職務之檢察官直接對於與被告量刑等有關之緩刑期間及刑度等事項表示同意被告之請求，惟因其未於偵查中即自白犯罪，「若予以緩刑，請給予較長期之緩刑，並請斟酌刑度」，已可認為該案簡易程序審理中，於解釋上檢察官已與被告達成求刑協商請求之陳述，從而該案簡易判決，即應受檢察官基於當事人求刑協商合意內所達成之求刑範圍內為判決，當事人依刑事訴訟法第455條之1第2項之規定自不得提起上訴，難認非常上訴有理由。

(三)判決之爭點與疑義

　　首開最高法院97年度台非字第115號判決，乃檢察官與被告在偵查達成檢察官於該案提起公訴時，具體向法院求刑有期徒刑十月並宣告緩刑，但法院在依通常程序審理該案件宣判時之量刑，未依檢察官求刑意旨判決而提起非常上訴之案件，該判決對法院量刑與檢察官求刑之關連性，深有啟發及研究之價值。另上開最高法院95年度台非字第281號判決，則是檢察官依通常程序提起公訴之案件，法院審理中被告自白犯罪後，法院乃改依簡易程序審理，認為檢察官與被告於審理中有達成之求刑協商，法院乃依當事人求刑之範圍而為科刑判決後，剝奪檢察官對該簡易判決之上訴權而提出非常上訴之案件，該判決對當事人於法院適用簡易程序時當事人所達成求刑協商對法院量刑之效力為何？則與上開最高法院97年度台非字第115號判決所提出之檢察官在法院適用通常程序時其求刑效果，頗具關聯性，同樣在我國司法實務及有關求刑協商或量刑制度上極具研究之價值。茲有論述探討該二件判決要旨最重要之爭點與疑義所在，即①檢察官求刑

之涵義？②檢察官與被告協商達成案件起訴後，由檢察官向法院具體為特定刑度之求刑時，該被告於偵查中自白有無證據能力？③檢察官單方之求刑或檢察官與被告協商所達成之求刑有無拘束法院量刑之效力？是否因法院適用不同之審理程序[13]，而有所不同？。

三、檢察官之求刑[14]

　　國家刑罰權係對於每一被告之每一犯罪事實存在，刑事訴訟乃國家對於特定被告之特定犯罪事實，為確定具體刑罰權而進行的程序。刑事訴訟上具有兩種關係，一為國家與個人間之具體的刑罰權關係，即處罰者與被處罰者的關係，稱之為訴訟之實體，或稱訴訟客體，亦稱案件；一為確定具體刑罰權而進行之訴訟關係，即裁判者與被裁判者的關係，稱之為訴。訴之目的，在請求法院對被告之特定事實，以裁判確定其具體的刑罰權之有無及其範圍[15]。檢察官將案件向法院提起公訴、到法庭實行公訴，必須負提出用以證明被告犯罪證據的責任，在法庭論告事實、證據，使法院對被告經起訴之犯罪行為予以定罪量刑為目的，故必須闡述事實與證據之關

---

[13] 從法院就調查證據之繁複程度及被告程序保障予以區別觀之，我國現行刑事訴訟法所規定法院就刑事案件第一審之審理程序有：通常訴訟程序、簡式審判程序、簡易判決處刑程序、協商程序；參見陳運財（2004），〈協商認罪制度的光與影〉，《月旦法學雜誌》，頁237。

[14] 在刑事訴訟法上使用「求刑」一詞，僅有第七編簡易程序中第451條之1有規定該用詞。所謂求刑，應係指當事人向法院請求就所犯罪案件，表達科刑範圍之意思表示；本文所指「求刑協商」係指刑事訴訟法上當事人之檢察官與被告，就被告所犯案件應科處之刑罰種類及刑度達成合意，檢察官據以向法院於審判該案件時表示。

[15] 陳樸生（1998），《刑事訴訟法實務》，頁91。

連性，又為達成有效追訴犯罪，更必須具體求刑[16]。因此，檢察官提起公訴並非已完成追訴犯罪，尚必須待檢察官在法庭上積極實行公訴始可能達成追訴犯罪之目的，而實行公訴之成功與否，實繫之於檢察官在法庭上的論告與求刑作為是否妥適與切實[17]。

　　檢察官代表國家對犯罪行為進行訴追權限產生「公訴權」，由檢察官向法院進行求刑訴訟行為，是程序意義上的刑罰請求權，具體內涵包含：①定罪請求權，定罪請求權是求刑權的先決，是檢察官在案件偵查終結形成對被告犯罪嫌疑重大並涉犯罪名的初步判斷，請求法院予以審理裁判確認的權限，也就是檢察官將案件以提起公訴或聲請簡易判決處刑方式，請求法院判決被告有罪或無罪。②量刑建議權，量刑建議權是檢察官請求法院對被告所為犯罪行為在定罪後，科處特定的或一定幅度內的刑罰；量刑建議權只是刑事訴訟當事人一方的檢察官，向裁判的法院所提出的對另一方當事人之被告進行制裁範疇的請求，又稱之為檢察官求刑，檢察官之求刑不具有終局性的，由法官行使的量刑裁量權於判決中宣示之才具有終局性。

　　我國刑事訴訟不採陪審制，認定犯罪事實與科刑均由同一法官為之，為恐與犯罪事實無關之科刑資料會影響法官認定事實之心證，應僅將論罪事實與科刑之調查程序予以分離，明定與犯罪事實無關之科刑資料應不得先於犯罪事實之證據而為調查[18]，依刑事訴訟法第289條規定：「調查

---

[16] 雖然刑罰輕重之裁量權操之法院，但檢察官在論告中應作求刑之陳述；見林山田（1990），《刑事訴訟法》，頁302。

[17] 有關檢察官實行公訴時之論告內容，請參見劉邦繡（2008），〈論檢察官實行公訴時之論告〉，《台灣法學雜誌》，第110期，頁35至47。

[18] 見最高法院98年度台上字第7233號判決。

證據完畢後，應命依下列次序就事實及法律分別辯論之：一、檢察官。二、被告。三、辯護人。」「已辯論者，得再爲辯論，審判長亦得命再行辯論。」「依前二項辯論後，審判長應予當事人就科刑範圍表示意見之機會。」[19]目前法院審理案件在言詞辯論程序之進行即如下：「審判長諭知本案調查證據完畢開始辯論，請檢察官論告。檢察官起稱：……。審判長問被告：有何辯解？被告答：……審判長請選任辯護人○○○律師爲被告辯護。選任辯護人○○律師起稱：……」。「審判長問檢察官、被告、辯護人：就被告之科刑範圍有無意見？檢察官答：請判處被告有期徒刑……被告答：請從輕量刑（或我無罪）。辯護人答：……」。並沒有單獨的量刑程序[20]，而是將定罪和量刑兩種活動融合在一起貫穿於法庭審理的言詞辯論程序中[21]，在通常程序上檢察官在法庭論告所爲之「求刑」，乃刑

---

[19] 刑事訴訟法第289條第3項之規定，係於民國92年2月6日修正公布刑事訴訟法時所增訂之條項。在此之前，當事人可否就科刑範圍表示意見，刑事訴訟法尚無規定，但仍認爲檢察官有求刑權；見黃東熊（1991），《刑事訴訟法論》，頁551至552，台北：三民書局。林山田（1990），《刑事訴訟法》，頁302。林俊益（2000），〈論檢察官之求刑〉，收錄氏著《程序正義與訴訟經濟》，頁174至176，台北：元照。

[20] 刑事訴訟法第289條第3項規定：「依前二項辯論後，審判長應予當事人就科刑範圍表示意見之機會。」即當事人量刑範圍之意見陳述權，固無應予辯論之明文，然仍得作爲量刑參考之依據，惟強化爲得就量刑之「具體範圍」予以公開辯論之程度，在程序上使被告預測法院「量刑範圍」之心證而言，亦非不得辯論之。法院得先行宣示所應適用實體法上之法定刑度，再預先公開可能量刑之具體範圍先行辯論。見黃翰義（2009），《改良式當事人進行主義之訴訟制度與程序正義》，司法院研究年報第56集第4篇，頁256。

[21] 在美國則不同，定罪和量刑作爲兩個獨立的程序被完全分開。在被告被陪審團認定爲有罪後，另擇時間或期日舉行專門的量刑聽證會。在量刑聽證程序中，檢辯雙方都要參加，並均可就量刑問題充分發表意見，檢察官作爲控訴方當然享有量刑建議權。量刑程序中的檢辯雙方依然保持著鮮明的對抗性。在量刑聽證程序中，檢察官很可能被告先前的犯罪記錄、對被害人的傷害和受害人家庭的傷害以及威懾其他潛在罪犯的需要……在檢察官和辯方對自認爲合適的刑罰量刑發表意見之後，法官作出量刑的最後決定。見王兆鵬（2004），《美國刑事訴訴法》，頁19。

事訴訟法第289條第3項規定「審判長應予當事人就科刑範圍表示意見之機會」，檢察官關於求刑之意見，依本條項規定，法院仍應聽取被告意見，以供參酌，檢察官之求刑，並無所謂對於被告刑罰予以預告之危險[22]，因為定罪和量刑都是法院的權限。

　　無論是通常審判程序或係簡易程序，檢察官之求刑，均係檢察官提起公訴（包括聲請簡易判決處刑）或實行公訴時應有之權限與應盡之職責，實務上檢察官就起訴案件向法院求刑的量刑建議行使的範圍、方式在個別案件存在很大差異，主要是由檢察官在聲請簡易判決處刑書或在提起公訴的起訴書或實行公訴時在法庭論告訴訟活動中，向法院提出求刑意見與理由[23]。而「檢察官之求刑」，本有「抽象求刑」與「具體求刑」之區別[24]；所謂「抽象求刑」，指檢察官所為之求刑並不涉及刑度或刑之執行方式，諸如檢察官表示被告素行良好，請求法院從輕量刑等等或被告犯行

---

[22] 在日本刑事訴訟的法院審判程序，「求刑」是檢察官「論告」最後總結表述。參見本土武司著，宋英輝、董璠輿譯（1997），《日本刑事訴訟法要義》，頁264，台北：五南書局。

[23] 法務部，民國97年9月23日令頒「檢察機關辦理刑事訴訟案件應行注意事項」第101點規定：「提起公訴，除與本案相牽連之犯罪或本罪之誣告罪，得於第一審辯論終結前之審判期日，以言詞追加起訴外，應以起訴書為之。」「起訴書除應記載本法第二百六十四條第二項所規定之事項外，對惡性重大，嚴重危害社會治安之犯罪，如認有具體求刑之必要，應於起訴書中就刑法第五十七條所列情狀事證，詳細說明求處該刑度之理由；案件於法院審理時，公訴檢察官除就事實及法律舉證證明並為辯論外，並應就量刑部分，提出具體事證，表示意見。如被告合於刑法第七十四條之要件者，亦可為緩刑期間及條件之表示，惟應注意國家當前刑事政策及被告主觀情形，妥適運用。對於有犯罪習慣之被告，應注意請法院宣告保安處分，被告有自首、累犯等刑之減輕，或加重之原因，以及應處以沒收、褫奪公權等從刑亦宜併予表明，以促使法院注意。」
具體案例，可參見台灣台中地方法院檢察署檢察官94年度偵字第3131號起訴書、論告書詳載檢察官對被告所涉犯之「千面人毒蠻牛殺人案」具體求刑之論述。見劉邦繡（2008），《檢察官職權行使之實務與理論》，頁64至94，台北：五南書局。

[24] 林俊益（2000年），〈論檢察官之求刑〉，收錄氏著《程序正義與訴訟經濟》，頁173至174，台北：元照。

惡劣請予從重量刑；而「具體求刑」則指檢察官向法院所為之求刑，涉及具體刑度或刑之執行方式[25]，當檢察官依據被告請求一定刑度或緩刑後，檢察官認為可於被告請求之範圍上，請法院再為適度之調整及加長緩刑期間而為求刑及為緩刑宣告之請求，解釋上亦認為屬當事人達成具體求刑之協商，檢察官已依被告具體請求科刑範圍所為之表示[26]，並不屬於「請從重量刑」檢察官抽象求刑而已，此即本文上開最高法院95年度台非字第281號判決要旨對檢察官具體求刑內容疑義所提出之見解，應值認同。

　　檢察官就所偵查被告涉嫌犯罪之案件，以被告對所為之犯罪事實表示認罪自白，交換檢察官向法院提起公訴時，給予被告一些關於法院將宣告之刑度範圍或甚至緩刑之保證，由檢察官向法院具體表示對被告從寬量刑，達成檢察官與被告達成求刑之協商，這種檢察官同意為被告向法院具體求刑的內容，包括了：(1)是否判處刑罰；(2)量刑情節的請求；(3)判處何種刑罰種類；(4)量刑幅度的選取；(5)是否判處緩刑。但須特別注意這種偵查中檢察官與被告所達成向法院之求刑協商，只是當事人間之協商，對案件起訴後受繫屬審判之法院並非當然有拘束之效果[27]。

---

[25]　參見最高法院95年度台非字第281號，96年度台上字第7506號判決。

[26]　實務上認為檢察官於偵查中與被告達成求刑協商，並於偵查筆錄所載明：「檢察官問：是否願意接受檢察官向法院聲請簡易判決處刑，求處有期徒刑三個月？」、「被告答：我願意。」等語，檢察官於聲請簡易判決處刑書載明：「建議從輕量處有期徒刑三月」等文句，應認為檢察官之聲請簡易判決處刑，已符合刑事訴訟法第451條之1第1項規定請求之要件。見臺灣高等法院暨所屬法院92年法律座談會刑事類提案第32號研討結果，收錄在《台灣高等法院暨所屬法院九十二年法律座談會彙編》2004年4月，頁441至443頁。

[27]　詳下再論述。

四、當事人達成求刑協商之類別與拘束力

　　檢察官與被告就科刑範圍達成求刑協商之類別，可分爲：(一)依刑事訴訟法簡易程序第451條之1第1項之「偵查中之求刑協商」，本文下稱爲適用簡易程序上偵查中之求刑協商。(二)依刑事訴法簡易程序第451條之1第3項之「審判中之求刑協商」，本文下稱爲適用簡易程序上審判中之求刑協商。[28](三)依刑事訴訟法第455條之2第1項協商程序[29]之「審判外之量刑協商」，本文下稱適用協商程序上審判外之量刑協商[30]。(四)另一種類型，是檢察官依通常程序提起公訴案件，依刑事訴訟法第289條第3項在起訴書或檢察官實行公訴所爲之求刑，本文稱爲適用通常程序上之求刑協商，茲分述如下。

---

[28] 最高法院96年度台上字第6861號判決，即將刑事訴訟法第451條之1所定簡易程序求刑協商制度，第一項稱之爲「偵查中求刑協商」，第三項稱之爲「審判中求刑協商」。本文乃引用該判決用詞。

[29] 我國協商程序，並非如美國式之「認罪協商」，得爲「控訴協商」（Charge Bargaining）、「罪名協商」（Count Bargaining）「量刑協商」（Sentence Bargaining）及其混合型態。而我國之新增協商程序，應如同簡易程序中之求刑協商一般，僅限於就法院在量刑上之協商，此刑事訴訟法第455條之2第1項第1款即規定「被告願受科刑之範圍及緩刑之宣告」自明。有關美國式之「認罪協商」或「答辯交易」，因不再本文探討範圍，詳請參見王兆鵬（2004），〈論刑事訴訟新增訂之協商程序（上）〉，《司法周刊》，第1181期，第3版。王兆鵬（2004），《美國刑事訴訟法》，頁540至541。【美】Ellen Hochstedler Steury&Nancy Frank，《Criniinal Court Process》著，陳衛東及徐美君譯（2002）《美國刑事法院訴訟程序》，頁415，北京：中國人民大學出版社。

[30] 本文在協商程序不稱求刑協商而稱爲量刑協商，乃基於目前實務上就法院適用協商程序判決之用語大抵使用「量刑協商」而非求刑協商，此外，從刑事訴訟法第七編之一「協商程序」立法經過中，司法院不斷強調我國僅有「量刑協商」，爰在本文使用之。

(一)適用簡易程序上偵查中之求刑協商

　　現行刑事訴訟法「適用簡易程序上偵查中之求刑協商」程序，是民國86年12月19日公布修正刑訴法時，引進美國認罪協商制度之精神所創設，將第451條之1第1項原有關於被告就願受科刑範圍表示權之規定予以擴充修正爲：「前條第一項之案件，被告於偵查中自白者，得向檢察官表示願受科刑之範圍或願意接受緩刑之宣告，檢察官同意者，應記明筆錄，並即以被告之表示爲基礎，向法院求刑或爲緩刑宣告之請求」。創設輕微案件聲請簡易判決處刑前「偵查中之求刑協商」程序[31]，從簡易程序設置之原理，在處理輕微案件、簡單程序、處刑輕微觀之，得在偵查中由被告與檢察官爲求刑之協商案件，應限於強制辯護案件以外之輕微案件爲限；而得協商之前提是被告於偵查中認罪自白[32]者，始得請求做刑度協商，如被告否認犯罪，被告自不得請求與檢察官爲求刑之協商；依該條項之規定，應由被告向檢察官表示願受科刑之範圍或願意接受緩刑之宣告，經「檢察官同意」進行協商，如檢察官不同意被告之表示，則偵查中檢察官與被告求刑之協商不成立，此種在檢察官同意與否之過程中，在適用簡易程序上偵查中之求刑協商，自有偵查中「求刑協商」之內涵。

　　被告自白犯罪者，得於偵查中表示願受科刑之範圍或願意接受緩刑之宣告；於偵查中，經檢察官同意記明筆錄，並以被告之表示爲基礎，向法

---

[31] 林俊益（2004），〈求刑與求刑協商之辨正〉，《月旦法學雜誌》，第109期，頁233至234。並參見最高法院95年度台非字第281號判決。

[32] 所謂自白，乃指犯罪嫌疑人或被告承認犯罪並應負刑事責任而言。關於自白定義之詳細探討，請參見劉邦繡（2010），〈貪污、毒品、槍砲案件被告自白減刑之研究—以最高法院九十八年度台上字第四四八號、第三九三〇號、第三四九二號三件判決爲探討〉，《軍法專刊》，第56卷第1期，頁64至92，及本書第四章。

院聲請簡易判決處刑時為求刑或為緩刑宣告之請求者。實務上，被告大都不知如此表示，常是經由檢察官提醒被告，詢問被告之意願是否接受某一特定刑度或緩刑後進行協商，而再由被告有表示願受接受[33]，此種求刑協商之內容，必須記載在偵查筆錄。因此，依刑事訴訟法第451條之1第1項之規定適用簡易程序上偵查中之求刑協商，必須具備：①被告有表示願受科刑範圍或接受緩刑宣告，②並經檢察官記明在偵訊筆錄，③同時檢察官亦以被告之表示為基礎，以聲請簡易判決處刑向法院為求刑或緩刑宣告之請求，始屬於「偵查中之求刑協商」。法院之簡易庭如逕依簡易判決處刑程序判決，即應受該偵查中之檢察官與被告間所達成之求刑協商合意之被告願受科刑範圍之拘束而判刑，並依刑事訴訟法第455條之1第2項規定，判決即行確定，當事人即不得對該簡易判決起上訴。惟如被告未向檢察官表示願受科刑範圍或願意接受緩刑宣告，或並未記明在筆錄，或檢察官未以之向法院為求刑或緩刑宣告之請求，或檢察官雖有向法院為求刑或緩刑宣告之請求，但非以被告之表示為基礎，均不符合刑訴法第451條之1第1項之規定，此時檢察官縱在聲請簡易判刑書中向法院為求刑之記載，即不屬於簡易程序中偵查中之求刑協商，對法院並無拘束力，並無刑事訴訟法第455條之1第2項限制上訴之效力，而不生限制上訴之效果，應認為與檢察官依通常程序提起公訴案件起訴時之求刑無異[34]，而屬於檢察官單方向法院為科刑意見表示，尚無拘束法院之效果[35]。

---

[33] 見臺灣高等法院暨所屬法院92年法律座談會刑事類提案第32號研討結果，收錄在《台灣高等法院暨所屬法院九十二年法律座談會彙編》2004年4月，頁441至443頁。

[34] 關於通常程序中之檢察官求刑問題，詳下再論述。

[35] 參見最高法院92年度台上字第6490號判決。

(二)適用簡易程序上審判中之求刑協商

　　刑事訴訟法除於第451條之1第1項設有關於「偵查中之求刑協商」程序外，另於同條第3項規定「被告自白犯罪未爲第一項之表示者，在審判中得向法院爲之，檢察官亦得依被告之表示向法院求刑或請求爲緩刑之宣告。」此一規定，應可稱之爲「審判中之求刑協商」[36]，有論者認爲刑事簡易程序採書面、間接之審理方式，除非被告以書面向法院簡易庭表示，否則被告又如何向法院表示願受科刑之範圍？除非簡易庭將被告之上開表示函轉檢察官表示或被告上開書面表示副知檢察官，則檢察官又如何知悉被告之表示而依被告表示向法院求刑？認爲刑訴法第451條之1第3項之適用機會不大，而現行刑事訴訟法已增訂第七編之一「協商程序」上開條項規定應無存在必要，建議刑事訴訟法第451條之1第3項應予刪除[37]。惟此可能忽略了開啓簡易程序並非專屬於檢察官之權限，依刑事訴訟法第449條第2項規定法院亦具有開啓簡易程序之權限；法院既有開啓簡易程序之權限，自亦有於簡易程序審判中進行求刑協商，當檢察官依通常程序起訴，嗣法院審理中經被告自白犯罪，法院認爲宜以簡易判決處刑者，得不經通常審判程序[38]，依刑事訴訟法第449條第2項改逕以簡易判決處刑

---

[36] 林俊益（2004），〈求刑與求刑協商之辨正〉，《月旦法學雜誌》，第109期，頁242。並參照最高法院95年度台非字第281號判決，96年度台上字第6861號判決，92年度台上字第6490號判決。

[37] 見林俊益，前揭文，頁241、243。

[38] 現行刑事訴訟法所規定之審判程序除通常審判程序外，另有簡式審判程序，尚有不須經證據調查、言詞辯論，僅於法院認爲必要時在處刑前訊問被告後，逕以簡易判決處刑之簡易程序。民國86年修法時將簡易處刑案件類型不得上訴第三審之限制去除後，得適用簡易程序之案件，依刑訴法第449條第3項之規定係以「法院所科之刑以宣告緩刑、得易科罰金或得易服社會勞動之有期徒刑及拘役或罰金爲限。」使簡易處刑案件範圍擴大及於「重罪案件」之可能，但於92年新設對被告訴訟實施權保障遠甚於簡易處刑程序之「簡式審判程

時[39]，法院於審理該提起公訴之案件時，檢察官已有到法庭實行公訴，檢察官與被告在法院審理該案中亦可對科刑範圍達成共識之情形，此種「審判中之求刑協商」在法院案件審理實務上並非不常見[40]，本文認為仍有存在之價值及適用餘地。因此，當被告自白犯罪，未於偵查中向檢察官表示願受科刑之範圍或願意接受緩刑之宣告者，得在審判中得向法院為之。簡易程序審判中，刑事訴訟法賦予被告之願受科刑表示權或機會，並使檢察官得衡酌案情決定是否予以同意被告所表示之願受科刑範圍或為相對應之具體求刑。實務上認為如果僅當事人一方依刑事訴訟法第451條之1第1項或第3項規定表示願受科刑範圍（指被告）或為求刑或為緩刑宣告之請求（指檢察官）者，但檢察官與被告未能達成一致之求刑協商時，法院如於被告所表示範圍內科刑，或依檢察官之請求（求刑或請求宣告緩刑）為判決者，依第455條之1第2項規定，及採「禁反言原則」立論，應認為僅各

序」時，一方面明定「除被告所犯為死刑、無期徒刑、最輕本刑為三年以上有期徒刑之罪或高等法院管轄第一審案件者外」之「重罪案件」不得適用，以示保障重罪被告權益，另一方面卻漏未修正簡易處刑案件之適用範圍應排除「重罪案件」，立法上應有疏漏。

[39] 見司法院頒布之「法院辦理刑事訴訟簡易程序案件應行注意事項」第2點規定：「刑訴法第四四九條第一項之案件，檢察官依通常程序起訴，經被告自白犯罪，不論該自白是否於法院訊問時所為，如法院認為宜以簡易判決處刑，即得不經通常審判程序，逕以簡易判決處刑。……」

[40] 如台灣台北地方法院98年度簡字第496號、第1112號、第1796號、第3276號、第3573號、第3677號、第3855號簡易判決，97年度醫簡字第1號簡易判決，97年度簡字第3114號、第3717號、第4248號簡易判決，96年度簡字第1399號、第2056號、第2838號簡易判決，臺中地方法院98年度簡字第913號簡易判決，臺灣臺中地方法院93年度簡上字第156號，臺灣彰化地方法院95年度簡上字第38號判決，臺灣新竹地方法院98年度審竹簡字第1430號簡易判決等，不再贅引。況且目前多數檢察官實行公訴時，仍排斥主動聲請依協商程序進行罪刑協商後聲請法院為協商判決，依民國97年之司法統計年報所顯示，全國第一審地方法院受理之刑事案件共約203,641件，以協商程序終結者僅有不到百分之6的12,132件（參見司法院網站http://www.judicial.gov.tw/juds/index1.htm，造訪日期2010年9月1日），拙見認為該條項仍有存在之價值與必要。

該當事人不得上訴，他方仍得上訴。[41]

　　刑事訴訟法第451條之1所定簡易程序求刑協商制度，其第3項「審判中求刑協商」，如檢察官與被告在該案件簡易程序審判中達成之求刑協商一致，法院判決時應受當事人求刑協商或緩刑請求範圍之限制，法院依此為科刑之簡易判決，依第455條之1第2項規定，當事人均不得上訴，該簡易判決就此確定，落實此等輕微明確案件早日定讞之立法目的[42]。但法院適用簡易程序中，無論是檢察官與被告在偵查中或審判中，如被告並未表示願受科刑之範圍或願意接受緩刑之宣告，檢察官雖就該案件得適用簡易程序及以簡易判決處刑為宜提供包括案情輕重、刑罰量定及緩刑宣告等意見，乃與一般適用通常程序案件之求刑無異，屬檢察官單方之求刑，不能以聲請簡易判決處刑書上記載從輕量刑並予以緩刑宣告等文字，即認檢察官有與被告達成求刑協商，而有限制當事人上訴之效果[43]。

　　綜上所論述，本文就適用簡易程序之當事人達成求刑協商與法院量上之拘束力，分述及圖示如下：

　　依第451條之1求刑，有下列二種情形，其求刑與限制行使上訴權之情

---

[41] 參見黃東熊（1991），《刑事訴訟法論》，頁552，台北：三民書局。褚劍鴻（1998），《刑事訴訟法論下冊》，頁827，台北：台灣商務印書館。臺灣高等法院暨所屬法院87年法律座談會刑事類提案第69號，提案機關台灣士林地方法院於座談會時提出之補充意見，收錄在《臺灣高等法院暨所屬法院八十七年法律座談會彙編》，頁374至378。另司法院頒布之「法院辦理刑事訴訟簡易程序案件應行注意事項」第12點規定：「當事人依刑訴法第四五一條之一第一項或第三項規定表示願受科刑範圍（指被告）或為求刑或為緩刑宣告之請求（指檢察官）者，法院如於被告所表示範圍內科刑，或依檢察官之請求（求刑或請求宣告緩刑）為判決者，各該當事人不得上訴，並應於判決書內載明之。」

[42] 參照最高法院95年度台非字第281號，92年度台上字第6490號判決，96年度台上字第6861號判決。

[43] 見最高法院92年度台上字第6490號判決。

形如下[44]：

◎第451條之1第1項之情形即【偵查中之求刑協商】：「前條第一項之案件，被告於偵查中自白者，得向檢察官表示願受科刑之範圍或願意接受緩刑之宣告，檢察官同意者，應記明筆錄，並即以被告之表示為基礎，向法院求刑或為緩刑宣告之請求。」

①被告表示→檢察官同意→記明筆錄→檢察官求刑←法院量刑如求刑
　＝當事人均不得上訴
②被告表示→檢察官不同意→檢察官未求刑←量刑如被告之表示
　＝被告不得上訴，但檢察官得上訴。
③被告表示→檢察官不同意→檢察官有求刑←量刑如檢察官之求刑
　＝檢察官不得上訴，但被告得上訴。

◎第451條之1第3項之情形即【審判中之求刑協商】：「被告自白犯罪未為第一項之表示者，在審判中向法院為之，檢察官亦得依被告之表示向法院求刑或請求為緩刑之宣告」。

---

[44] 參照臺灣高等法院暨所屬法院八十七年法律座談會刑事類提案第69號，提案機關台灣士林地方法院於座談會時提出之補充意見，收錄在《臺灣高等法院暨所屬法院八十七年法律座談會彙編》，頁374至378。

①被告表示→法院量刑如被告表示之求刑
　　＝被告不得上訴，但檢察官仍得上訴。
②檢察官表示→法院量刑如檢察官表示之求刑
　　＝檢察官不得上訴，但被告得上訴。
③被告表示→檢察官求刑←法院量刑如檢察官表示之求刑
　　＝被告及檢察官均不得上訴。

(三)適用協商程序上審判外之量刑協商

　　現行刑事訴訟法第七編之一協商程序，從第455條之2至第455條之11共十個條文，乃確立我國審判外之量刑協商程序[45]，規定案件審理中檢察官得聲請進行該審判外之量刑協商，其要件如下：(1)得適用協商程序之案件：限於被告所犯為死刑、無期徒刑、最輕本刑三年以上有期徒刑以外之罪，非高等法院管轄之第一審案件，經被告認罪，而法院為協商判決所科之刑，係宣告緩刑、二年以下有期徒刑、拘役或罰金為限，並應得法院之同意[46]。(2)協商程序之期間：檢察官經法院同意進行協商程序後，應

---

[45] 由刑事訴訟法第455條之2明文規定「案件經檢察官提起公訴或聲請簡易決處刑，於第一審言詞辯論終結前或簡易判決處刑前……」條文之文義解釋，協商程序之適用程序係以案件在第一審法院適用通常程序與簡易程序之時期，似又認為我國協商程序尚無偵查中之量刑協商。而司法院頒布之「法院辦理刑事訴訟協商程序案件應行注事項」及法務部函頒「檢察機關因應刑事訴訟部分修正條文增訂協商程序辦理事項參考原則」、「檢察機關辦理刑事訴訟案件應行注意事項」亦有此明文規定之。但似與現行實務運作之檢察官聲起簡易判決處刑前，檢察官得依刑事訴訟法簡易程序第451條之1第1項之規定，進行本文所稱的適用簡易程序上偵查中之求刑協商產生矛盾。

[46] 此處所謂法院之同意，係指法院審酌訴訟進行之狀況以及協商是否對被告不利後，所為是

於三十日內，於審判外與被告或其代理人、辯護人完成協商程序。(3)得協商之內容：包括①被告願受科刑之範圍（即主刑及從刑）或願意接受緩刑之宣告；②被告向被害人道歉、被告支付相當數額之賠償金，但為維護被害人權益，檢察官此等事項與被告協商時，應徵得被害人之同意始得為之；③被告向公庫或指定之公益團體、地方自治團體支付一定之金額等事項。另刑事訴訟法第455條之5第1項規定，為使被告有足夠之能力或立於較平等之地位與檢察官進行協商，法院於知悉被告表示所願受科之刑逾有期徒刑六月，未受緩刑宣告，且未選任辯護人時，法院應即指定公設辯護人或律師協助被告進行協商，以確保被告權益。(4)聲請協商判決之方式：當事人雙方於審判外進行協商，經達成合意且被告認罪者，檢察官得於該案件開庭時以言詞聲請為之，或以記載聲請協商判決之意旨及協商合意內之書面聲請應向法院聲請改依協商程序而為判決。

　　法院應於受理檢察官聲請協商後十日內訊問被告，並告以所認罪名、法定刑度及因適用協商程序所喪失之權利[47]，如有下列情形之一者，法院則不得為協商判決：(1)有撤銷合意或撤回協商聲請者[48]，(2)被告協商之意思非出於自由意志者，(3)協商之合意顯有不當或顯失公平者，(4)被告所

否同意當事人進行協商之意思表示，至於被害人之同意並非開啟協商程序之絕對要件。見陳運財（2004），〈協商認罪制度的光與影〉，《月旦法學雜誌》，第110期，頁233至237。

[47] 司法院頒布之「法院辦理刑事訴訟協商程序案件應行注意事項」第4點規定，應告知之內容，包含：1.由法院依通常程序公開審判之權利、2.詰問證人及與其對質之權利、3.保持緘默之權利、4.法院如依協商合意而為判決時，除刑訴法455之4第1項第1款、第2款、第4款、第6款、第7款所定情形之一者外，不得上訴等事項，法院均有告知之義務。此乃法院確認被告係自願放棄前述權利後，始得作成協商判決。

[48] 指刑事訴訟法第455條之3第2項所定：被告得於協商程序終結前，隨時撤銷協商之合意。被告違反與檢察官協議之內容時，檢察官亦得於前項程序終結前，撤回協商程序聲請之情形。

犯之罪非屬第455條之2第1項所定得以聲請協商判決之案件類型，(5)法院認定之事實顯與協商合意之事實不符者，(6)被告有其他較重之裁判上一罪之犯罪事實者，(7)法院認應論知免刑或免訴、不受理者。法院即不得為協商判決而應依原來之審判程序繼續審理。

由上觀之，我國「審判外之量刑協商」程序，係在通常程序或簡易程序進行中，第一審言詞辯論終結前或簡易判決處刑前，由檢察官與被告在審判外就罪、刑事項達成協商合意，乃檢察官與被告或及其辯護人進行罪刑上之協商，並非由被告與法院對應為之，當檢察官與被告達成協商之合意後，再由檢察官向法院聲請依協商程序而為判決，法院並在訊問被告及向被告為權利告知後，如認定案件與法定要件相符，始得不經言詞辯論於當事人協商合意範圍內而為判決，同時當事人之上訴權亦因此遭剝奪[49]。故刑事訴訟法第455條之10規定，依協商程序所為之判決原則上不得上訴。

(四)適用通常程序上之求刑協商

被告犯罪嫌疑重大經檢察官依通常程序提起公訴繫屬法院審理時，檢察官固係代表國家為原告提起公訴，但其所為具體求刑及為緩刑宣告與其期間、條件之表示，仍屬訴訟法上當事人之請求，除有上述刑事訴訟法第451條之1第4項前段所規定，於聲請簡易判決處刑案件，法院應於檢察官求刑或緩刑宣告請求之範圍內為判決之情形外，並無拘束法院量刑之效力，因為量刑係法院就繫屬個案犯罪之整體評價，為事實審法院得依職權

---

[49] 參見最高法院94年度台抗字第23號裁定。

自由裁量之事項[50]，法院於審理過程亦無告知被告法院之量刑是否有無受檢察官求刑之拘束力及是否依檢察官請求而爲判決之義務，否則即形同於辯論終結前先告知判決內容，違反公平法院原則。因此，當檢察官與被告於偵查中達成如何向法院求處輕刑及緩刑之求刑協議，縱經檢察官在起訴書中載明所求處之被告特定刑期，或言詞辯論中由檢察官以論告方式求刑，在法院適用通常程序（包括簡式審判）審理該案件時，對法院量刑上於法並無拘束力[51]；換言之，偵查中檢察官與被告所達成之求刑協商在訴訟上，乃檢察官在偵查程序中對被告求處輕刑及緩刑之承諾，除非檢察官依刑事訴訟法第七編簡易程序第451條之1聲請簡易決處刑或依第七編之一協商程序聲請法院同意進行審判外之量刑協商，該求刑之協商始有拘束法院量刑之效果。

五、結論

　　從最高法院97年度台非字第115號、95年度台非字第281號判決要旨及上揭本文從刑事訴訟法有關求刑規範上之闡述，檢察官與被告達成提起公訴或聲請簡易判決處刑，而向法院求處特定刑罰刑度或緩刑之求刑協議，此求刑協商之協議對被告而言，乃係檢察官在實施偵查階段所同意對被告

---

[50] 在法院依通常程序之審理案件中，檢察官基於當事人一方單獨之求刑，尚無拘束法院之效力，參見最高法院96年度台上字第7506號，97年度台上字第96號判決。至於檢察官與被告當事人間所達成求刑協商，對法院之效果爲何，詳下論述。

[51] 最高法院97年度台上字第945號判決明確指出：第一審法院係依刑事訴訟法第273條之1第1項規定依簡式審判程序進行訴訟，非依簡易程序爲判決，無關量刑協商問題；至檢察官之求刑，僅供法院審理時之參考，無拘束法院量刑之效力。

所涉犯罪行為，向法院請求科處檢察官與被告雙方所為求刑協商之承諾，除非檢察官依刑事訴訟法第七編簡易程序第451條之1聲請簡易判決處刑，而有本文前開最高法院95年度台非字第218號判決所示情形，法院以簡易判決處刑或認罪協商判決時，始受該當事人求刑協商之拘束。至於檢察官依通常程序起訴之案件，法官並無應檢察官請求而量刑其所要求之特定刑度的義務，有時更會以檢察官提出之求刑不當而加以拒絕[52]。

　　在整個刑事訴訟程序，包括偵查、審判及執行，基於審檢分立原則，不能認為偵查中當事人所達成之求刑協商應持續貫穿於整個包括審判階段或刑事執行階段[53]之訴訟程序中。因此，本文首開最高法院97年度台非字第115號判決要旨即指出：「檢察官與被告於偵查中達成如何向法院求處輕刑之求刑或緩刑請求之協議，當無應持續貫穿於包括法院以通常程序審理案件的整個訴訟程序，而拘束法院就案件定罪量刑之效力，法院仍有審查權限之餘地！[54]」應屬的論。

---

[52] 例如最高法院98年度台上字第7695號判決意旨：檢察官起訴書所求處之被告刑期，對法院之量刑並無拘束力；而原判決所認定之上訴人即被告偽造有價證券次數及被害人人數，亦較起訴書所載情節為多，則原判決認定之犯罪事實，不但超過起訴書犯罪事實欄記載之範圍，且已就具裁判上一罪關係而為起訴效力所及之其他犯罪事實併予審理，原審量處較檢察官求刑為重之刑期，並未違法。其他相同見解如最高法院98年度台上字第541號判決等，不再贅引。

[53] 最高法院98年度台抗字第102號裁定意旨指出：「公訴檢察官於審判程序中所為求刑之表示，僅係供法院為刑罰裁量之參考，並無拘束法院科刑及執行檢察官是否准予易科罰金之效力，亦無抗告意旨所謂相信檢察官求刑必准其易科罰金之信賴利益可言。」，此部分之論述，請參見本書第五章。

[54] 此亦延續最高法院一貫見解認為：「法院量刑輕重，係屬事實審法院得依職權自由裁量之事項，苟已斟酌刑法第五十七條各款所列情狀而未逾越法定刑度，不得遽指為違法。至緩刑之宣告，除應具備同法第七十四條所定條件外，並須有可認為以暫不執行刑罰為適當之情形，始得為之，亦屬法院裁判時得依職權自由裁量之事項，當事人不得以原審未諭知緩刑指為違背法令。」參見最高法院72年台上字第6696號判例。

　　當事人達成求刑協商，除了以上所述在法院量刑上之定位上有無拘束之效果外，至於被告在檢察官允諾求刑協商下，對犯罪事實為自白之供述，是否得認為屬於以「利誘」而取得之自白，在證據法上欠缺任意性，而有違反刑事訴訟法第156條第1項規定，認定被告之自白無證據能力，而不得在法院作為證據使用的定位問題？供述證據禁止以不正訊問方法取得，故刑事訴訟法第156條第1項規定不得以「利誘」或其他不正方法取得被告自白，利誘是取供禁止規範之例示，但不正之利誘才係取供禁止規範之範疇，並非任何有利被告之允諾，均屬禁止之利誘，如法律賦予刑事追訴機關對於特定處分有裁量空間，在裁量權限內之技術性使用，以促成被告或犯罪嫌疑人供述，則屬合法之偵訊作為[55]。例如證人保護法第14條第1項、貪污治罪條例第8條第2項、毒品危害防制條例第17條、槍砲彈藥刀械管制條例第18條第4項規定之立法意旨，本即基於特定或重大犯罪危害甚鉅，若非正犯或共犯間相互指證，大多難以順利破獲，基於鼓勵該等犯罪中之被告自白，故設定在一定條件之下，使其獲邀減輕或免除其刑之規定，檢察官於訊問前，曉諭正犯或共犯在上開條件下可以獲得減免其刑之規定，乃係法定寬典之告知，自係檢察官權限範圍內之合法偵查作為（即與被告達成求刑協商），並為被告在法律上之有利事項，並非許以法律所未規定或不容許之利益，亦不屬不正之利益，故非禁止之不正利誘，且被告是否願意接受與檢察官為求刑協商係在自由意識下所考慮抉擇情況下所為，不能因法院於該案件審理階段，未依檢察官與被告求達成之刑協商之刑度為量刑，而以判決結果反過來推論被告當時所為之不利於己之自白，應依刑事訴訟法第98條、第156條第1項、第3項規定而認為無證據能力。

---

[55] 參見最高法院97年度台上字第1655號判決。

　　此外，由於檢察官就刑事案件犯罪偵查程序作為並不能認為屬於行政行為，當無適用行政程序法之餘地，行政程序法第3條第2項第3款已定有明文，故被告尚不得於審判中主張其應受在偵查中與檢察官達成具體求刑協商刑度之信賴利益。本文認為刑事訴訟法就法院應適用何種審判程序（通常程序、簡易程序或協商程序）審理案件，並未賦予被告有程序選擇權，但被告於訴訟程序中是否行使防禦權、詰問權及聲請調查證據之權利，被告均有處分權，此亦為當事人進行主義下刑事訴訟法所要建立之公平法院，被告如不積極行使，法院並無促其行使之責，不得以法院未促其行使，認有剝奪被告之防禦權、詰問權及聲請調查證據之正當權利，而認為對被告公平審判之程序產生影響。

　　在當前如何對法官量刑自由裁量權的制衡是有必要的，畢竟審判獨立不是代表法院可以獨大，不受任何約制[56]，而檢察官之求刑正是制衡法院量刑的訴訟法上之機制，如果檢察官未向法院提出具體求刑或為量刑建議，法院判處刑罰的適當性有時就缺乏明確的衡量標準，而檢察官已具體求刑或已與被告達成求刑協商，可以在一定程度使法院明瞭檢察官對刑度這一問題的態度，同時使法院在判決時充分考慮各種相關因素，使判決的刑罰合宜、適當並符合公理與正義。依刑事訴訟法第289條在通常程序下論告、辯護、求刑的規定，如檢察官在起訴、論告時可以充分地就求刑來論告，對被告求刑的基礎、依據為何，將刑法第57條每一款都論述清楚，相信法院絕對會參考檢察官之求刑，而法院的量刑就會更精緻化，更受到檢察官求刑論告的制約，法院判決時之量刑理由勢必回應檢察官求刑意

---

[56] 最高法院69年台上字第1552號判例，認為檢察官求刑之表示，法院應予以斟酌量刑，如判決之刑度與檢察官求刑範圍有所明顯差距，應於判決理由中說明。

見，如果不同意檢察官的具體求刑，法院應有必要在判決中詳細說明量刑理由[57]，法院如僅載稱審酌被告之品行、犯罪之動機、目的、手段、犯後態度等一切情狀，如此記載均僅爲刑法第57條法律上抽象之一般規定，並未說明各該事項之具體情形，其量刑是否妥適無從據以斷定，法院如以此等空泛量刑依據，應屬判決理由不備之違法[58]。換言之，當案件在事實和適用法律沒有爭議的情況下，法院判決與檢察官具體求刑之刑度有量刑上之差距，法院本身就應有充分的理由解釋[59]，因爲法院判決的刑罰畸輕畸重是當事人上訴的重要理由。

（原文刊載法令月刊第61卷第11期，2010年11月）

---

[57] 法院量刑未依檢察官求刑，而在判決理由中詳細說明量刑理由之實務上經典案例，請參見臺灣臺中地方法院98年度訴字第3850號判決，請自行搜尋司法院網站http://jirs.judicial.gov.tw/FJUD/

[58] 見最高法院94年度台上字第2131號判決要旨略以：「判決於科刑之理由，如僅載稱審酌被告之品行、犯罪之動機、目的、手段、犯後態度等一切情狀，因如此記載，均僅爲法律抽象之一般規定，並未說明各該事項之具體情形，其量刑是否妥適無從據以斷定，自有判決理由未備之違法。」

[59] 在日本的刑事訴訟審判實務中，檢察官向法庭提出量刑建議既是權力，也是義務。求刑是檢察官對案件評價的最集中表示，也可以說是論告結論。作爲檢察官的結論性意見，求刑一般要求有具體的刑名、刑期、金額、沒收物、價格等的明示。另外，如果檢察官認爲執行猶豫（緩刑）對被告更爲有利，也應當在求刑中明確提出。是否採納檢察官的論告求刑由法官決定。一般情況下，日本法庭法官作出判決時，都會尊重和充分考慮檢察官的論告的求刑意見。參見【日】田宮裕（1998），《刑事訴訟法》，頁425至426，東京：有斐閣。參見本土武司著，宋英輝、董璠輿譯（1997），《日本刑事訴訟法要義》，頁264，台北：五南書局。

4 貪污、毒品、槍砲案件被告自白在量刑上之減刑

以最高法院98年度台上字第448號、第3930號、第3492號三件判決爲探討

目次

摘要

從偵查效率要求或從治安觀點甚至是訴訟經濟觀點而言，尋求被告自白，是偵查犯罪的上策。自白作為直接證據的一種，可謂支配刑事司法程序圓滿運作之關鍵。當被告基於不自證己罪權利之放棄而提供自己犯罪證據之自白時，國家給予司法豁免或減輕刑事責任優待之「刑事免責」之特權；是在訴訟法制上承認「發現真實」有其極限，當在無礙於公益與法秩序前提下，轉而在法制規範上設計使被告（或犯罪嫌疑人）參與真實之發現，使犯罪事實更迅速發現，追訴權更得以順利發動、審判權更能及早確定者，國家給予一定程度減免刑事責任的法律上利益。

我國防制貪污、毒品、槍砲之刑事立法對策，歷來採行重刑化及疊床架屋式模式，但又認知重刑化立法之缺失，復針對自首或自白規範減免刑責等措施為其重要之特徵，但由於我國法律上對被告減輕其刑規定錯綜複雜，其所規定之被告自白減輕其刑之要件互有不同，致使審判實務上見解有所岐異，本文則就司法實務上常見之貪污、毒品、槍砲之重大犯罪類型案件中所規定被告自白減免其刑在適用所衍生之爭議問題，做一實務見解與理論結合之探討。

一、前言

對已發生之犯罪案件最了解知悉者，即為犯罪人，從犯罪現場偵查開始，尋求遺留之跡證、發現目擊證人、確定被害者身分、推斷犯罪動機及特定犯罪嫌疑人，在現代化社會高度匿名性與機動性特色，蒐集犯罪證據

上之人證或物證，愈加困難，對偵查機關而言是伴隨著相當困難與挑戰。此時如能獲得嫌疑人或被告之自白，不僅可省卻偵查之時間，亦能順利破案，不論從偵查效率要求或從治安觀點甚至是訴訟經濟觀點而言，尋求犯罪嫌疑人或被告之自白，乃偵查犯罪之上策[1]。自白作爲證據法上直接證據之一種，在證據法上之重要性始終未曾受到改變，在大多數案件中，被告之自白，在該自白只要存有可信度，在理論的推論下大抵皆能輕易地成爲被告有罪之決定性證據[2]，自白這一供述證據可謂支配刑事司法程序圓滿運作之關鍵，故自白在作爲犯罪證據方面可謂有其不可代替性之地位，甚且在日本將自白之證據使用規範列於憲法位階上[3]。縱使在現代重視科學偵查與打破自白倚重下，自白之重要性亦不能忽視，在某些特定類型之犯罪更顯重要，因爲在某些情況之下，單憑科學證據之採取，對於犯罪行爲之始末非但無法獲得明白，連犯罪行爲之動機與意圖等犯罪者之內在犯意更無法推論得知。尤其是，物證通常是在取得被告自白後，其證據價值之證明力才明顯，甚且犯罪者與犯罪行爲間之結合關係的證明，有時藉由自白之陳述才能使案件之偵查、審判獲得及時性與確定性。例如收賄案件或販毒等犯罪均是在暗中秘密進行，在犯罪現場遺留物證被查扣可謂幾乎不可能，此時犯罪人自白即受到重視。換言之，對於這類型犯罪案件在偵查階段中，被告之自白可能成爲最重要之證據（縱使此類案件對於自白之

---

[1] 自白在證據法上一直占有極爲重要之地位，這點可從昔日歐洲將之譽爲「證據之王」，英美視之爲「最有力的證據」，日本法上曾有「凡斷罪依口供結案」，而我國歷代均重視「首實親供」。參見李學燈，《證據法比較研究》，五南書局，1992年，頁191。

[2] 參見黃朝義，《刑事證據法研究》，元照出版公司，1999年，頁96。

[3] 日本國憲法第38條規定：「①對任何人都不得強制其作不利於本人的供述。②以強迫、拷問或威脅所得的口供，或經過非法的長期拘留或拘禁後的口供，均不得作爲證據。③任何人如果對自己不利的唯一證據是本人口供時，不得被判罪或課以刑罰。」

證據能力與證明力仍然存有爭議），但有點應加以注意者，就是自白如何取得的問題？偵查人員對於犯罪行為之偵查，基本上，經由偵查技術之運用，勸說被告供出犯情之行為，或以告知法律上所規定經自白減刑之相關司法豁免之刑事免責規定，以此法律上之有利地位，曉諭被告自白，應屬法律上所允許之行為[4]，此亦可認為係偵查人員之法定偵查責任[5]。

不自證己罪原則，在我國刑事訴訟法第95條以反面課予國家在訊問被告前之告知義務來保障被告陳述自由的緘默權，並依刑事訴訟法第181條規定賦予證人免於自證己罪的拒絕證言權，因此，國家機關不得強制任何刑事被告（含犯罪嫌疑人）作出自我入罪的供述[6]。當被告基於不自證己罪權利之放棄而提供自己犯罪之證據如自白時，國家給予司法豁免或減輕刑事責任優待之「刑事免責」[7]之特權；這種被告自白減刑或免除其刑的

---

[4] 最高法院97年度台非字第115號判決要旨即指出：『按刑事訴訟法第九十八條規定「訊問被告，不得用利誘……或其他不正之方法」，同法第一百五十六條第一項規定「被告之自白，非出於利誘……或其他不正之方法，且與事實相符者，得為證據」，足見上開法條所指之「利誘」，係指不正之利誘，故法所明定之證人保護法第十四條所指經檢察官事先同意之被告或犯罪嫌疑人於偵查中所為可因而減輕或免除其刑之供述，自非出於不正之利誘方法。』詳下再論述。

[5] 刑事訴訟法第2條規定：實施刑事訴訟程序之公務員，就該管案件，應於被告有利及不利之情形，一律注意。被告得請求前項公務員，為有利於己之必要處分。

[6] 最高法院97年度台上字第2956號判決要旨：「被告之陳述亦屬證據方法之一種，為保障其陳述之自由，現行法承認被告有保持緘默之權。故刑事訴訟法第九十五條規定：「訊問被告應先告知左列事項：一、犯罪嫌疑及所犯所有罪名，罪名經告知後，認為應變更者，應再告知。二、得保持緘默，無須違背自己之意思而為陳述。三、得選任辯護人。四、得請求調查有利之證據。」此為訊問被告前，應先踐行之法定義務，屬刑事訴訟之正當程序。至證人恐因陳述致自己或與其有刑事訴訟法第一百八十條第一項關係之人受刑事追訴或處罰者，得拒絕證言，同法第一百八十一條定有明文。證人此項拒絕證言權，與被告之緘默權，同屬其不自證己罪之特權。」

[7] 本文所稱「刑事免責」，是指司法機關給予被追訴者如不起訴、緩起訴或減輕其刑或免除其刑之優惠條件，以求換取他們的提供追訴犯罪之證據。換言之「刑事免責」，可指法院

司法豁免或減刑制度有其特殊性，在於突破傳統思維認為法院應能積極發現實體真實理想主義思考的反轉，而在訴訟法制上承認「發現真實」有其極限，當在無礙於公益與法秩序前提下[8]，轉而在法制規範上設計使被告（或犯罪嫌疑人）參與真實之發現，使犯罪事實更迅速發現，追訴權更得以順利發動、審判權更能及早確定而國家遂給予一定程度的司法豁免或減刑之利益。面對日益複雜之犯罪型態，這種被告自白減刑或免除其刑的被告刑事免責（或減輕）的制度規範，在現代刑事訴訟使實體真實更加能容易被發現，而訴訟經濟在案件法院審理程序也得以實現之積極性功能，成為一些特定犯罪類型在訴訟上不可或缺的規範配套設計[9]，在法院審判實

依法對供認自己犯罪並揭發同案犯主要犯罪事實或提供物證、書證的被追訴者，減輕其刑責或免除其刑事責任（偽證罪、虛偽供述罪、違反證據強制令行為的犯罪除外）。減輕其刑責或免除其刑事責任，是對其自白認罪和揭發同案犯行為的一種肯定和獎勵，亦可視為一種訴訟利益的交換。這樣做的目的在於促使其放棄享有「不被強迫自證其罪特權」，而配合檢察官對重大犯罪之偵查與追訴。參見陳運財，〈貪瀆犯罪窩裡反條款與刑事免責之檢討〉，《日新司法年刊》第8期，2008年7月，頁96至101。

[8] 刑法第62條規定對自首者可以視自首情節予以減輕其刑，但其他法律有特別規定者依其規定。因此，對犯罪後的自首者減輕其刑或免除其處罰，與本文下述之「刑事免責」有相通處。另外我國刑法第122條（違背職務受賄罪及行賄罪）第3項規定「對於公務員或仲裁人關於違背職務之行為，行求、期約或交付賄賂或其他不正利益者，處三年以下有期徒刑，得併科三千元以下罰金。但自首者減輕或免除其刑。偵查或審判中自白者，得減輕其刑。」第166條（犯湮滅證據罪自白之減免）「犯前條之罪，於他人刑事被告案件裁判確定前自白者，減輕或免除其刑。」第172條（偽證、誣告自白減免）「犯第一百六十八條至第一百七十一條之罪，於所虛偽陳述或所誣告之案件，裁判或懲戒處分確定前自白者，減輕或免除其刑。」這些規定表明，在某些特定情況下，我國刑事法律還是主張「利益互換」的。在這一點講，我國其他特別法律上規範因被告自白減刑或免除其刑的司法豁免或減刑「刑事免責」制度，有一定的法律依據和刑事法律思想的基礎。被告自白供述犯罪事實，法律上明文規定給予減輕其刑或免除其刑；與認罪協商（或稱辯訴交易）內在的交易精神和對訴訟效率價值的追求有暗合之處；可以說是坦白從寬刑事政策的法律化和精細化的表現。

[9] 例如在日本目前在進行的跨世紀的司法改革，該國司法改革審議會，於2001年6月提出二十一世紀司法制度的改革意見書中即指出為因應新時代偵查及公判程序應有方式，對於

務上已不容忽視。

　　在近來的幾個受矚目的刑事案件中，常常可以在媒體上看到所謂「污點證人」的字眼，而檢察官也常常策動共犯中的一人，成為所謂「污點證人」，而得以使案情真相大白，此種在外國被稱為「皇冠證人」（Kronzeugen），其實就是「同為共犯之證人」在我國俗稱「污點證人」的證據方法，到底在現行法中之規範如何？而得以成為檢察官偵查的利器[10]，其在審判上之適用情形如何？應值探討。刑事訴訟法上之證人，一般係指對自己過去親身經驗之事實作出陳述之第三人，被告本人就其所親身經歷之犯罪作陳述，在刑事訴訟法上稱為「被告之供述」或「被告之自白」，被告之供述或自白在一定之條件下[11]，具有證據能力，可作為證明犯罪之證據。被告之供述或自白中倘若牽涉到第三人之犯罪事實，在該第三人所涉之案件中，此時供述他人犯罪情節之被告即成為第三人，當然可以作為證人。至於在這種證人之名詞前，會被冠上「污點」兩個字，成為

導入刑事免責制度等新的偵查方法，應循憲法人權保障之意旨，以及因應今後我國社會、經濟變化所伴隨的犯罪情勢與動向，從多方面加以檢討其應有之適當設計。見陳運財，〈論日本刑事司法制度之改革〉，《東海大學法學研究》第20期，2004年6月，頁123至124。

[10] 例如轟動一時的南迴搞軌案破案最關鍵的污點證人黃○○，因其供述得以使檢察官追訴李○○之罪刑，其一審判決被告黃福來罪名、刑度因與檢方求刑一致，檢方表示，不再對他提起上訴。參見自由時報電子報，2007年5月24日，http://www.libertytimes.com.tw/index.htm。以及國務機要費貪污一案中之被告陳○○，第一審之合議庭指出，她係感念○的知遇之恩，故配合○夫婦需求、指示而犯罪。且在偵審時，已將製作的支出明細表及收支總表大致交代清楚，有助釐清全案始末。陳○○坦承招供的貢獻，檢察官當庭向合議庭請求，她所犯各罪都可依證人保護法中的污點證人部分獲免除其刑；參見〈自由時報電子報〉，2009年9月12日，http://www.libertytimes.com.tw/index.htm（瀏覽日期：2009年10月2日）。

[11] 即符合刑事訴訟法第156條第1項規定：「被告之自白，非出於強暴、脅迫、利誘、詐欺、疲勞訊問、違法羈押或其他不正之方法，且與事實相符者，得為證據。」

「污點證人」，只是社會上俗稱之用語，並非是法律條文之正式用詞。[12]
一般而言，證人本應是無關犯罪乾淨之第三人，僅係在偶然機緣巧合下，
親身經歷該犯罪事件之發展過程，如今證人前面被冠上「污點」兩字，成
為不乾不淨之證人，此污點證人其實也就是犯罪之共犯。

在我國法制上，對於被告自白供出自己或他人之犯罪事實，或並因而
查獲其他共犯或其犯罪者，給予減輕或免除其刑之刑罰上處遇者，於刑事
特別法領域中，並不算少數，此類立法，在現行之貪污治罪條例、組織犯
罪防制條例、毒品危害防制條例、公職人員選舉罷免法、公民投票法、總
統副總統選舉罷免法、兒童及少年性交易防制條例、槍砲彈藥刀械管制條
例、人口販運防制法、洗錢防制法、信託業法、銀行法、信用合作社法、
金融控股公司法、票券金融管理法、保險法、證券交易法、農業金融法
等，均有明文，更有統合性之「證人保護法」第14條第1項[13]所謂「窩裡

---

[12] 這種制度，社會上稱之「污點證人」。這種為藉由減免刑責之規定，鼓勵現在或曾為集體
性、隱匿性、組織性、複雜性犯罪集團一員或相關犯罪網絡之成員，供述重要待證事實，
使國家之偵查機關得以追訴隱匿於幕後之其他犯罪者之條款，即屬之，不問稱此類條款為
「窩裡反條款」或「證人窩裡反減免刑責條款」，均屬相同。見林鈺雄，《刑事訴訟法下
冊》，2004年9月，頁68。陳文琪，〈證人保護法簡介〉，《全國律師雜誌》，2001年3月
號，62頁。林錦村，〈證人窩裡反及刑事豁免〉，《全國律師雜誌》，2000年11月號，頁
57至58。洪宜和，《窩裡反條款之研究─以貪污犯罪偵查為例》，國立中正大學法律學研
究所碩士論文，2002年。林雅君，《我國污點證人制度之研究》，輔仁大學法律學研究所
碩士論文，2007年。

[13] 證人保護法第14條規定：「第二條所列刑事案件之被告或犯罪嫌疑人，於偵查中供述與該
案案情有重要關係之待證事項或其他正犯或共犯之犯罪事證，因而使檢察官得以追訴該案
之其他正犯或共犯者，以經檢察官事先同意者為限，就其因供述所涉之犯罪，減輕或免除
其刑。（第一項）被告或犯罪嫌疑人雖非前項案件之正犯或共犯，但於偵查中供述其犯罪
之前手、後手或相關犯罪之網絡，因而使檢察官得以追訴與該犯罪相關之第二條所列刑事
案件之被告者，參酌其犯罪情節之輕重、被害人所受之損害、防止重大犯罪危害社會治安
之重要性及公共利益等事項，以其所供述他人之犯罪情節或法定刑較重於其本身所涉之罪
且經檢察官事先同意者為限，就其因供述所涉之犯罪，得為不起訴處分。（第二項）前項

反條款」[14]或「污點證人」[15]之統合性立法。

　　就我國現行法律規定被告自白得以減刑或免除其刑之司法豁免（或減輕）的制度性規範甚多，散見在諸多刑事特別法或行政刑法中，本文則僅就司法實務上常見之貪污、毒品、槍砲之重大犯罪類型案件中所規範之被告自白減刑或免除其刑的被告刑事免責（或減輕）的制度規範爲核心問題，做一實務見解與理論結合之探討。由於本文論述係以被告自白自己犯罪，在法律給予減刑或免除其刑有關規定，進行探討該規定與適用問題爲核心，至於被告自白尚供述他人（如共犯）犯罪事實部分，而使得偵查機關得以追訴其他犯罪者有關「污點證人」或「窩裡反條款」之規範及理論部分，僅做關聯性必要之探討[16]；另爲使與法律條文規定之用詞契合，因此本文不使用「污點證人」，而以法律規定之用詞「被告自白」，合先敘明。

情形，被告所有因犯罪所得或供犯罪所用之物，檢察官得聲請法院宣告沒收之。（第三項）刑事訴訟法第二百五十三條第二項、第三項、第二百五十五條至第二百六十條之規定，於第二項情形準用之。（第四項）」。

[14]　洪宜和，《窩裡反條款之研究—以貪污犯罪偵查爲例》，國立中正大學法律學研究所碩士論文，2002年，頁5至6。

[15]　林雅君，《我國污點證人制度之研究》，輔仁大學法律學研究所碩士論文，2007年，頁14。

[16]　本文僅針對被告自白自己犯罪，在法律給予減刑或免除其刑上之相關法律規範做探討，因此題目限定在被告自白減刑之規定與適用上，至於被告自白自己犯罪外尚供述其他共犯等他人犯罪之所謂共犯白白，使得偵查機關得以追訴其他犯罪者，而減刑或免除其刑或爲不起訴處分有關污點證人之規範部分，則僅在涉及時做關聯性必要之一併論述，合先敘明。

二、最高法院98年度台上字第448號、第3930號、第3492號判決要旨及爭點

(一)判決要旨

　　最高法院98年度台上字第448號、第3930號、第3492號判決，係針對貪污、毒品、槍砲案件之被告自白應否依法減刑所提出最新之實務見解，茲先引述該判決要旨作為後述之探討，該三件判決要旨分別如下：

　　最高法院98年度台上字第448號判決，係針對一件犯貪污治罪條例案件中，被告在偵查中不利於己之供述是否屬於貪污治罪條例第8條第2項之「在偵查中自白」提出實務上之見解。該判決要旨指出：「貪污治罪條例第8條第2項前段規定『犯第四條至第六條之罪，在偵查中自白，如有所得並自動繳交全部所得財物者，減輕其刑』，是偵查中自白與自動繳交全部所得財物之事實，乃法定減刑事由，事實審自應詳加審認。所謂自白，係針對被嫌疑為犯罪之事實陳述，不包括該事實之法律評價，與協商程序中一併為法律評價之認罪，並不相同。被告或犯罪嫌疑人在偵查中，若可認為已對自己被疑為犯罪之事實是認，縱對於該行為在刑法上之評價尚有主張，仍無礙於此項法定減刑事由之成立。」[17]

　　最高法院98年度台上字第3930號判決，則係針對一件犯運輸毒品例案件中，被告於偵查中做不利於己之供述外，並供出其所運輸毒品來源之前手時，法院應如何就被告自白減刑規定之法律適用，提出實務見解。該判決要旨指出：「證人保護法第十四條第一項規定『第二條所列刑事案件之

---

[17] 相同見解，如最高法院98年度台上字第656號判決。

被告或犯罪嫌疑人，於偵查中供述與該案案情有重要關係之待證事項或其他正犯或共犯之犯罪事證，因而使檢察官得以追訴該案之其他正犯或共犯者，以經檢察官事先同意者為限，就其因供述所涉之犯罪，減輕或免除其刑。』依該規定，必須供述『與該案案情有重要關係之待證事項或其他正犯或共犯之犯罪事證』，並因而使檢察官得以追訴『該案之其他正犯或共犯者』，始有該條項減輕或免除其刑之適用。而本件被告於偵查中所供述者，乃其所運輸甲基安非他命之前手供給者為林○○，及林○○之上手為何○○等人；該林○○、何○○等人均僅係被告之前手或前前手，並非本案之『其他正犯或共犯』，且事後檢察官所追訴林○○、何○○等人之犯罪，均屬販賣毒品之另案，而非認林○○、何○○等人為本案之『正犯或共犯』，是依上開事證，被告之供出前手，應僅能依毒品危害防制條例第十七條規定減輕其刑，原判決卻依證人保護法第十四條第一項之規定予以減輕，顯有適用法則不當之違法。」

　　最高法院98年度台上字第3492號判決，係針對一件犯槍砲彈藥刀械管制條例案件中，被告自白是否符合減刑規定？再如有多數法律規定減刑條款在競合時適用問題，提出實務見解。該判決要旨指出：「證人保護法第十四條第一項規定：『第二條所列刑事案件之被告或犯罪嫌疑人，於偵查中供述與該案案情有重要關係之待證事項或其他正犯或共犯之犯罪事證，因而使檢察官得以追訴該案之其他正犯或共犯者，以經檢察官事先同意者為限，就其因供述所涉之犯罪，減輕或免除其刑』，及第二項規定：『被告或犯罪嫌疑人雖非前項案件之正犯或共犯，但於偵查中供述其犯罪之前手、後手或相關犯罪之網絡，因而使檢察官得以追訴與該犯罪相關之第二條所列刑事案件之被告者，參酌其犯罪情節之輕重、被害人所受之損害、防止重大犯罪危害社會治安之重要性及公共利益等事項，以其所供述他人

之犯罪情節或法定刑較重於其本身所涉之罪且經檢察官事先同意者為限，就其因供述所涉之犯罪，得為不起訴處分』等之適用，均以『經檢察官事先同意』為前提要件，其中第二項乃專指檢察官偵查終結得為不起訴處分之程序而言，與審判事項無涉。至所謂『經檢察官事先同意者』，依證人保護法施行細則第二十一條規定，係『指檢察官本案偵查終結前之同意。檢察官同意者，應記明筆錄』。而槍砲彈藥刀械管制條例第十八條第四項明定：犯本條例之罪，於偵查或審判中自白，並供述全部槍砲、彈藥、刀械之來源及去向，因而查獲或因而防止重大危害治安事件之發生者，減輕或免除其刑。惟此自白情形，必須於偵查或審判中自白，並供述全部槍砲、彈藥之來源及去向，且因而查獲或因而防止重大危害治安事件之發生者，始能減免其刑。」[18]

(二)判決要旨所指出之爭點與疑義

　　上述三件最高法院刑事判決要旨，即係針對常見重大之貪污、毒品及槍砲犯罪類型中被告自白犯罪時，指出在法律上有關自白減刑規定之適用問題之爭點與疑義，茲整理如下：

　　　1.在適用貪污治罪條例第8條第2項[19]、毒品危害防制條例第17

---

[18] 有關販毒案件中被告自白後能否適用減刑之務見解，如最高法院98年度台上字第4975號判決要旨指出：「毒品危害防制條例第十七條（作者按即現行第十七條第一項）之立法用意，旨在鼓勵被告供其所製造、運輸、販賣或持有毒品之來源，俾追究毒品前手，以澈底根除毒品之氾濫。故所謂「供出毒品來源」係指具體供出上游毒品來源，以防止毒品蔓延而言。如僅供出共犯，而未供出上游毒品來源，即不得依前開法條減輕其刑。」

[19] 貪污治罪條例第8條第2項條文規定：「犯第四條至第六條之罪，在偵查中自白，如有所得並自動繳交全部所得財物者，減輕其刑；因而查獲其他正犯或共犯者，減輕或免除其刑。」民國85年10月23日修正前公布之條文則為第8條：『犯第四條至第六條之罪而自首

條[20]、槍砲彈藥刀械管制條例第18條第4項[21]或證人保護法第14條第1項[22]有關「自白減刑」規定，何謂自白？「自白之意義」或「自白之射程範圍」？及被告自白與被告防禦權行使之關聯性為何？

　　2.如被告自白減刑條件，符合證人保護法第14條第1項之「自白減刑規定」，亦符合貪污治罪條例第8條第2項，或毒品危害防制條例第17條，或槍砲彈藥刀械管制條例第18條第4項之「自白減刑規定」之法律競合下，應如何適用自白減刑規定予以論斷？

　　3.檢察官同意被告適用證人保護法第14條第1項之減刑規定後，法院是否即受到檢察官同意之具體減刑請求之拘束？

　　者，減輕其刑；在偵查中自白者，得減輕其刑。」

[20] 毒品危害防制條例第17條規定：「犯第四條至第八條、第十條或第十一條之罪，供出毒品來源，因而查獲其他正犯或共犯者，減輕或免除其刑。（第一項）」「犯第四條至第八條之罪於偵查及審判中均自白者，減輕其刑。（第二項）」此規定為2009年5月20日修正公佈之條文。在此之前該條文規定如下：第17條「犯第四條第一項至第四項、第五條第一項至第四項前段、第六條第一項至第四項、第七條第一項至第四項、第八條第一項至第四項、第十條或第十一條第一項、第二項之罪，供出毒品來源，因而破獲者，得減輕其刑。」與現行之規定有所不同。因此適用現行毒品危害防制條例第17條，是否仍與修正前相同，不無疑義應有再行探討必要；詳下再論述。

[21] 槍砲彈藥刀械管制條例第18條第4項規定：「犯本條例之罪，於偵查或審判中自白，並供述全部槍砲、彈藥、刀械之來源及去向，因而查獲或因而防止重大危害治安事件之發生者，減輕或免除其刑。拒絕供述或供述不實者，得加重其刑至三分之一。」

[22] 證人保護法第14條第1項規定「第二條所列刑事案件之被告或犯罪嫌疑人，於偵查中供述與該案案情有重要關係之待證事項或其他正犯或共犯之犯罪事證，因而使檢察官得以追訴該案之其他正犯或共犯者，以經檢察官事先同意者為限，就其因供述所涉之犯罪，減輕或免除其刑。」

三、貪污、毒品、槍砲案件之被告自白減刑

由於貪污、毒品或槍砲這三類型犯罪案件，均有被告自白，應給予司法豁免或減輕刑事責任優待；因此，在該三類型犯罪，被告之供述內容是否屬於被告自白之認定，涉及被告刑罰減輕或免除要件成立與否，至關重要。而何謂自白？自白之定義或自白之放射效力為何？在此三類型犯罪案件司法審判上即顯得非常重要而有探究之必要。

(一)自白之定義

自白問題，就我國司法實務上之判例或判決大抵集中在探討自白任意性之證據能力及自白補強證據問題上[23]；就何謂自白？自白之內涵為何？司法實務上所提出之見解就沒有像在探討自白任意性之證據能力及自白補強證據問題上深入而精闢。

實務上認為所謂自白，乃犯罪嫌疑人或被告對自己犯罪事實之全部或一部為肯定供述之謂，其供述之方式不以主動陳述犯罪事實之全部或一部為限，即使在偵查或審判中，於接受有偵查犯罪或審判職務之公務員就其涉及之犯罪事實訊問時，被動地承認該犯罪事實之意思表示者，亦為自白[24]。依此實務之見解，被告自白之射程範圍，包括被告對自己犯罪事實

---

[23] 茲舉例如最高法院91年台上字第2908號，74年台上字第1578號，74年台覆字第10號判例；最高法院98年度台上字第4883號、第1522號，97年度台上字第1011號，97年度台非字第115號，96年度台上字第7633號、第527號，95年度台上字第6719號、第6719號，94年度台上字第6860號、第6461號等判決，其餘判決不再贅引。

[24] 最高法院97年度台上字第2119號判決。

之全部或一部之供述之謂[25]，承認一部自白。換言之，自白乃對自己之犯罪事實全部或主要部分爲肯定供述之意[26]，但此供述之內容必須包含有犯罪嫌疑人或被告承認犯罪並應負刑事責任而言，如被告否認自己有何犯罪之行爲及刑事責任，則不能認定爲被告自白[27]，因此刑事訴訟法上所謂自白，係指被告或犯罪嫌疑人，就犯罪事實全部或一部承認自己刑事責任所爲不利於己之陳述而言[28]，但此刑事責任之承認並不是對檢察官爾後提起公訴之全部事實及法律評價均肯認或認罪之陳述，而是針對自己陳述之事實應屬有所罪責即可[29]。

　　偵查中由於偵查機關對於構成犯罪要件之事實，並非能全盤掌握，偵查中之自白，應係指對被嫌疑爲犯罪事實之陳述，而非犯罪構成要件該當事實之陳述；因此被告之供述已針對被嫌疑爲犯罪之事實陳述即屬自白，不包括該事實之法律評價。從而，被告或犯罪嫌疑人在偵查中，若可認爲已對自己被疑爲犯罪之事實是認，縱對於該行爲在刑法上之評價尚有主張，仍屬自白，無礙自白之法定減刑事由之成立[30]。故「偵查中自白」應

25 最高法院96年度台上字第5350號，93年度台上字第2870號，91年度台上字第1927號判決，84年度台上字第6478號，75年度台上字第7114號判決。
26 最高法院98年度台上字第4237號判決。
27 參見最高法院98年度台上字第4010號判決。該案例事實是：被告於94年9月8日警詢及第一審審理時之陳述，析其內容，不外乎敘述其至緬甸之目的與經過，然被告自始至終均未承認其明知DVD錄放影機內夾藏第一級毒品而運輸之犯行，原判決遽認被告上開於警詢及第一審審理時之陳述爲「自白」，自有證據上理由矛盾之可議。另最高法院86年度台上字第4242號，86年度台上字第4727號判決，亦指出相同自白含義之見解。
28 見最高法院89年度台抗字第308號，89年度台上字第3128號判決。
29 最高法院89年度台上字第2125號判決明白指出自白之射程範圍，包括被告對自己犯罪事實之全部或一部之供述，而自白乃對自己之犯罪事實全部或主要部分爲肯定供述之意，並非是對檢察官爾後提起公訴之全部事實及法律評價均肯認或認罪之陳述。
30 見最高法院98年度台上字第448號判決。該案例事實是：「上訴人（即被告）於本件偵查中對於自己擔任鄉民代表，曾參加本件旅遊團出國考察，向代表會請領五萬元費用之事實，

指被告或犯罪嫌疑人對自己被疑為犯罪之事實，在偵查中向有偵查犯罪職權之公務員坦白陳述而言，也就是於有權偵查追訴之機關發覺其犯行後，犯人自行供述不利於己之犯罪事實之意[31]，至於對阻卻責任或阻卻違法之事由，有所主張或辯解，乃辯護權之行使，仍不失為自白[32]。如果被告並未自由表白其犯罪之事實，僅就他人之供證表示無意見，即非可認係坦承犯行之自白[33]。而所謂「偵查中」包括司法警察機關之調查及檢察官之偵查在內，例如某甲於警訊或調查站中業已坦承犯行不諱，但於檢察官偵訊中則堅決否認犯行，是否仍得認為是在「偵查中自白」？司法實務見解認為被告既已在司法警察機關中坦承犯行，自已生自白效力，因偵查中，以包括司法警察機關之調查及檢察官之偵查在內，蓋司法警察官之調查中自白，以調查亦為偵查之部分，解釋上應視同偵查中之自白[34]，但如僅向政風機關人員訪談中供述犯行，仍不能認為屬於偵查中之自白[35]；因此，被

並未爭執，所爭執者厥為該行為是否該當於利用職務機會詐取財物罪而已，原判決未詳為審認上訴人究係否認請領五萬元費用之事實抑或對該事實法律評價之質疑，遽爾認定上訴人在偵查中並未自白犯罪，於法自有違誤。」

[31] 最高法院86年度台上字第5258號判決，最高法院98年度台上字第1837號判決。

[32] 最高法院98年度台上字第656號判決。

[33] 最高法院90年度台上字第5979號判決。

[34] 最高法院87年度台上字第1257號判決。法務部（75）法檢(二)字第1751號函復嘉義地檢七十四年十月份法律問題座談會研究意見，收錄在《刑事法律問題彙編第三輯》，頁406。褚劍鴻，《刑事訴訟法論上冊》，台灣商務印書館，1994年，頁254。

[35] 最高法院88年度台非字第23號判決，87年度台上字第1257號判決。按政風機構依政風機構人員設置條例第五條第三款規定，政風機構掌理關於本機關員工貪瀆不法之預防、發掘及處理檢舉事項，政風機構之職掌，並未包括犯罪之偵查。政風機構人員既非有偵查訴追犯罪職權之公務員，則犯貪污罪者僅有在政風機構人員訪談中供述犯行，而未在調查員或檢察官訊問供述犯行，即不得認為是已在偵查中自白。但法務部廉政署已於100年7月20日成立，其所屬之廉政官、廉政專員則屬司法警察官，因此在廉政官或廉政專員詢問時供述犯行，即應認為是已在偵查中自白。

告如已於司法警察詢問時爲自白，嗣後於檢察官訊問時翻異警詢中自白內容而否認，亦應認爲被告曾於偵查中自白。

　　綜上所述，包括被告對自己犯罪事實之全部或一部之供述，承認一部自白，亦屬自白，自白並不須對全部犯罪事實爲供述[36]，被告自白之射程範圍，包括被告對自己犯罪事實之一部之供述，仍得認爲是被告自白；被告自白所供述者，則不必限於構成要件該當事實，即除供述構成要件該當事實之外，另外主張違法阻卻事由或責任阻卻事由，猶不失爲自白[37]；至於其在坦白供述事實之同時，對於阻卻違法或阻卻責任之事由，有所主張或辯解，應屬辯護權之行使，亦不能據此即否定該自白之效力[38]。例如被告在偵查中具體供述其交易第三級毒品愷他命之對象、時間、地點及金額，並辯解：「沒有差價，就是幫他們拿。」此被告於偵查中所爲之供述，是否得以認爲是被告偵查中之自白，本文認爲被告於偵查中既已就販賣第三級毒品愷他命之核心事實之交易愷他命爲陳述，並就非法交易毒品（可能包括販賣、轉讓）之基本犯罪事實全部或一部經由偵查中之訊問方式後，被告即爲自己不利之陳述而承認自己之刑事責任，但被告仍得在偵查中或審判上踐行其訴訟上之防禦性辯解之有利陳述，應認爲上開偵查中被告前述不利己之供述屬於被告偵查中之自白，至被告於偵查中供述「沒

---

[36] 最高法院93年度台上字第2870號判決案例事實指出：「本件上訴人（即被告）於法務部調查局桃園縣調查站調查人員詢問時，即坦承以前述方法，將上開試紙四包予以調換後，放置於其辦公室之抽屜內等情不諱，並表示知錯與悔悟，請求給予自新之機會等語；本件上訴人於有偵查犯罪職權之調查人員詢問時，所爲之前揭陳述，是否已就其竊取公用財物構成要件該當事實之一部分予以供認，而僅主張其有違法阻卻之事由？可否認爲已合乎偵查中自白之要件？即非全無研求之餘地。」

[37] 最高法院96年度台上字第5350號，93年度台上字第2870號、第1741號，91年度台上字第1927號、第1927號，89年度台上字第2380號，84年度台上字第6478號判決。

[38] 最高法院93年度台上字第1741號判決。

有差價，就是幫他們拿。」等語，僅屬於被告在未否認自己刑事責任下所為訴訟上之防禦性辯解而已[39]。

　　對於自白之定義，我國及日本學界對自白內涵之見解，約可分為「狹義自白」與「廣義自白」二種概念，前者專指對於起訴事實之承認，後者則包括狹義自白及其他不利於己之陳述[40]，而此陳述不限於構成要件該當事實。自白在本質上屬於對己不利益事實之供述，如被告所供述者毫無對己不利之部分，反而對己有利，例如提出自己未犯罪之辯解，自非自白[41]。又自白乃被告自己對其犯罪事實之供述，可能係對全部犯罪事實之供述，亦可能僅對一部犯罪事實之供述，此種供述在本質上屬於對己不利事實之陳述，均可認為係屬自白。就我國學界之大多數通說見解[42]，係採「廣義自白」之概念。至於日本學界，將自白之意義也從廣義及狹義分別說明之，然自白定義，迄今仍無定見[43]，但約有下列幾種見解：自白者，係刑事被告（嫌疑犯）就犯罪事實之全部或一部，承認自己有刑事責任之

---

39 台灣台中地方法院98年訴字第1703號判決。該案例事實是：被告於偵查中已經對自己在本案中第三級毒品愷他命交易對象之甲○○、戊○○、丁○○三人，及交易第三級毒品愷他命數量、金額、時地及方式之基本社會事實供承在卷，但辯稱：沒有差價，就是幫他們拿。

40 陳樸生，《刑事訴訟法實務》，1996年，頁228；陳樸生，《刑事證據法》，1979年，頁476。

41 蔡墩銘，《刑事訴訟法論》，五南書局，2002年，頁241。

42 參見陳樸生，《刑事訴訟法實務》，1996年，頁228。陳樸生，《刑事證據法》，1979年，頁476至478。褚劍鴻，《刑事訴訟法論上冊》，台灣商務印書館，1994年，頁254。林山田，《刑事程序法》，2000年，頁283。李學燈，《證據法比較研究》，五南書局，1992年，頁202。黃東熊，《刑事訴訴法論》，三民書局，1991年，頁350至351。

43 參見吳秋宏，〈日本刑事證據法則之理論與實務〉，《日新法律半年刊》第7期，2006年11月，頁151。林益裕，《自白相關法律問題之研究》，中央警察大學行政警察研究所碩士論文，2001年，頁9至10。

供述之謂[44]，或謂自白係指被告就犯罪事實之全部或主要部分明示承認自己有罪之情形[45]，或稱自白係指被告承認自己犯罪事實之供述[46]。或主張自白乃是肯定自己犯罪事實之全部或主要部分的供述，此供述不以肯定構成要件事實之全部為必要，僅肯定其主要部分為已足，亦不以肯定自己有罪為必要，於肯定犯罪構成事實又主張有違法阻卻事由或責任阻卻事由存在時，亦屬自白[47]。

　　本文認為有關被告之陳述，應可分為三種：(1)有關於犯罪核心事實之陳述，此即為被告自白之陳述。(2)與犯罪核心事實相關之陳述，此稱為自認。(3)非關乎犯罪事實所為之陳述。綜合上述我國實務及學說見解，再依據我國刑事訴訟法第100條規定：「被告對於犯罪之自白及其他不利之陳述，並其所陳述有利之事實與指出證明之方法，應於筆錄內記載明確。」第158條之2條規定：「違背第九十三條之一第二項、第一百條之三第一項之規定，所取得被告或犯罪嫌疑人之自白及其他不利之陳述，不得作為證據。但經證明其違背非出於惡意，且該自白或陳述係出於自由意志者，不在此限。」其第100條規定：「被告對於犯罪事實之自白及其他不利之陳述……」，三條文規定中「對於犯罪事實之自白」，應係指對犯罪核心事實之陳述，當即是指「被告之自白」；而條文中「其他不利之陳述」，則應即是指「被告之自認」。從前述刑事訴訟法三個條文中均將自白與不利之陳述並列規範，基於「被告自白」在刑事訴訟法上之證據能力與證明力涉有諸多限制而言，故所謂被告之自白，宜從廣義解釋，包括自

[44] 見團藤重光，《新刑事訴訟法綱要》，創文社，1979年，頁249。
[45] 見江家義男，《刑事證據法基礎理論》，有斐閣，1957年，頁25。
[46] 見平野龍一郎，《刑事訴訟法》，有斐閣，1978年，頁226。
[47] 見高田卓爾，《刑事訴訟法》，青林書院，1984年，頁215。

認在內。因此本文乃認為自白之定義亦認為應採廣義自白之定義[48]。

(二)貪污案件之被告自白減刑[49]

犯現行貪污治罪條例第4條至第6條之罪，被告在偵查中自白，如有所得並自動繳交全部所得財物者，減輕其刑，同條例第8條第2項前段定有明文。因而犯貪污犯案件適用被告自白減刑之要件為：(1)犯同條例第4條至第6條之罪，在偵查中自白。(2)如有所得並自動繳交全部所得財物，兩者缺一不可[50]，但若無犯罪所得，因其本無所得，自無應否具備該要件之問題[51]。從而，在貪污案件中之被告並非一經自白，即有符合減輕其刑之要件，必須被告於偵查中，不但已為自白，如就其所得財物已全部自動繳交，始應減輕其刑。

貪污案件如何適用被告自白減刑規定要件中有所爭議即所謂偵查中自白及繳交犯罪所得之時間點上？依刑事訴訟法規定，在具犯罪偵查、證據蒐集等職權之檢察官、司法警察官、司法警察及其他有偵查職權之公務員訊問、調查中自白者而言，且只須在司法警察、調查員詢問或檢察官訊問

---

[48] 相同見解，如陳樸生，《刑事訴訟法實務》，1994年，頁228；林永謀，《刑事訴訟法論中冊》，2006年，頁70。

[49] 聯合國是2003年11月21日通過之【聯合國反腐敗公約】其中第37條亦有相同之規範，其條文規定如下：「……二、對於在根據本公約確立的任何犯罪的偵查或者起訴中提供實質性配合的被告人，各締約國均應當考慮就適當情況下減輕處罰的可能性作出規定。三、對於在根據本公約確立的犯罪的偵查或者起訴中提供實質性配合的人，各締約國均應當考慮根據本國法律的基本原則，就允許不予起訴的可能性作出規定。……」
引自http://www.un.org/chinese/documents/decl-con/chroncon.htm（瀏覽日期：2009年10月2日）。

[50] 最高法院88年度台上字第3743號、90年度台上字第1195號、91年度台上字第6482號、93年度台上字第6322號判決。

[51] 最高法院93年度台上字第1741號。

中有任何一次自白，即認為符合偵查中自白之要件。至於如有所得並自動繳交全部所得財物之時間點上，即有疑義[52]，例如被告雖於偵查中自白，但並未自動繳交全部所得財物，迨至法院審理時，始繳交其全部所得，是否合於貪污治罪條例第8條第2項前段之規定？一說認為貪污治罪條例第8條第2項前段規定：「犯第四條至第六條之罪，在偵查中自白，如有所得並自動繳交全部所得財物者，減輕其刑。」細繹其文意既已明示減輕其刑之要件為：「在偵查中自白」、「如有所得並自動繳交全部所得財物者」，自指於偵查中，不但已為自白，且就其所得財物已全部自動繳交所得，足證確已有悛悔向善之意，自有減輕其刑，以鼓勵自新之必要。故如犯本條例第4條至第6條之罪後，雖於偵查中自白，惟並未同時自動繳交全部所得財物者，自與本規定應予減輕之要件不合[53]。另一說則認為貪污治罪條例第8條第2項前段規定，行為人自動繳交全部所得財物之時間，並不以在偵查中繳交者為限。被告已在偵查中自白犯罪，並於審判中自動繳交全部所得財物，似有貪污治罪條例第8條第2項前段減輕其刑之適用[54]。本文認為基於鼓勵被告自白犯行並予以自新之機會，應認為於事實審法院裁判宣示前已向國庫或主管機關自動繳交全部所得財物即可。至若被告不是在偵查中自白，而於審判中自白，或偵查中自白但有所得並未於事實審法院裁判前自動繳交全部所得財物者，因與該規定應予減輕之要件不合，均

[52] 見臺灣高等法院暨所屬法院95年法律座談會刑事類提案第28號，收錄在《臺灣高等法院暨所屬法院95年法律座談會彙編》，2007年1月，頁424至437。
[53] 採此見解，如最高法院93年度台上字第6322號判決。另可參見最高法院98年度台非字第210號判決，該判決指出：「被告等二人於警詢、偵查中自白，但乙○○係於96年1月24日原審上訴審時，始向彰化縣議會繳交犯罪所得款項893790元，核與前揭減輕其刑規定之要件不合，原審未適用上開規定減輕其刑，顯無判決不適用法則之違法可言。」
[54] 採此見解，如最高法院93年度台上字第1202號判決。

不能依據現行貪污治罪條例第8條第2項前段之規定，以予減輕其刑。至若無犯罪所得者，因其本無所得，自無應否具備該要件之問題，此時只要在偵查中自白，即應認有減刑規定之適用。[55]

必須特別注意，由於貪污案件自偵查迄審判至裁判有罪確定之時程較為漫長，而貪污治罪條例又曾有多次就被告自白減輕其刑之規定進行修法，適用被告自白減刑規定，則必須注意刑法第2條規定「行為後法律有變更者，適用行為時之法律。但行為後之法律有利於行為人者，適用最有利於行為人之法律。」之法律適用原則。如民國81年7月17日修正公布之貪污治罪條例第8條規定：「犯第四條至第六條之罪，在偵查中自白者，得減輕其刑」。而同條例於85年10月23日修正公布，修正後第8條第2項前段規定：「犯第四條至第六條之罪，在偵查中自白，如有所得並自動繳交全部所得財物者，減輕其刑」。倘被告所犯之貪污罪，行為人於偵查中自白犯罪，且本身並無犯罪所得者，如依該行為時法，僅「得」減輕其刑，是否減輕，仍繫於法院之裁量；而依裁判時法則「應」減輕其刑，即其法定最高度及最低度刑均應減輕，則以適用裁判時法對行為人最為有利[56]，即法院應予以減輕其刑，不可不察。

(三)毒品案件之被告自白減刑[57]

現行毒品危害防制條例第17條規定：「犯第四條至第八條、第十條或第十一條之罪，供出毒品來源，因而查獲其他正犯或共犯者，減輕或免除

---

[55] 最高法院88年度台上字第3743號，90年度台上字第1195號，91年度台上字第6482號，93年度台上字第1741號、第6322號，94年度台上字第7392號等判決。

[56] 最高法院87年度台非字第7號、98年度台上字第4957號判決。

[57] 聯合國於1988年12月19日通過之【聯合國禁止非法販運麻醉藥品和精神藥物公約】第3條第

其刑。（第一項）犯第四條至第八條之罪於偵查及審判中均自白者，減輕其刑。（第二項）」[58]其中第1項規定其立法目的，在利用減刑之寬典，鼓勵運輸、販賣、施用或持有毒品之行為人，供出毒品之來源，藉以擴大防制毒品之成效，使毒品易於斷絕。故凡觸犯該條所列舉之罪者，據實指陳其毒品由來之人或地，並因而破案查獲其他正犯或共犯者，即符合該條得減輕其刑之規定。而現行第17條第2項之規定，係行政院於民國97年9月22日，函請立法院審議「毒品危害防制條例部分條文修正草案」一案時所提出增列之條文，該修正立法之理由乃為使製造、販賣或運輸毒品案件之刑事訴訟程序儘早確定，並鼓勵被告自白認罪，以開啟其自新之路，爰對製造、販賣、運輸毒品者，於偵查及審判中均自白時，採行寬厚之刑事政策，而增列第17條第2項之規定[59]。因此，在毒品犯罪類型之案件上，被告所涉犯屬於製造、販賣、運輸第一、二、三級毒品案件時，被告自白減

6項亦有相同之規範，其條文規定如下：「締約國為起訴犯有按本條確定的罪行的人而行使其國內法規定的法律裁量權時，應努力確保對這些罪行的執法措施取得最大成效，並適當考慮到需要對此種犯罪起到威懾作用。」

引自http://www.un.org/chinese/documents/decl-con/chroncon.htm（瀏覽日期：2009年10月2日）。

[58] 現行條文為98年5月30日修正公佈之條文，在此之前毒品危害防制條例第17條條文規定如下：「犯第四條第一項至第四項、第五條第一項至第四項前段、第六條第一項至第四項、第七條第一項至第四項、第八條第一項至第四項、第十條或第十一條第一項、第二項之罪，供出毒品來源，因而破獲者，得減輕其刑。」並非就單獨就被告自白減輕其刑所做規定，而係犯毒品罪之被告，供出毒品來源因而破獲者，依修正前毒品危害防制條例第17條之規定，僅得減輕其刑，而非必須減輕。是縱因被告就毒品來源供出而破獲其毒品之上游來源，法院仍有自由裁酌是否減輕其刑之職權，原判決既未減輕其刑，或縱未依被告之供述確實追查，亦非判決不適用法則或應於審判期日調查之證據而未予調查之違背法令情形有間。參見最高法院89年度台上字第184號判決。

[59] 見立法院議案關係文書，院總第308號，立法院全球資訊網查詢，網址http://lis.ly.gov.tw/lgcgi/lgmeetimage?cfc8cfcdcfcccfcfc5cdcec8d2cdcdc（瀏覽日期：2009年10月2日）。

輕其刑之要件，必須是被告於偵查中及審判中均自白者，方得減輕其刑，如僅審理中自白者，而於偵查中未自白者，或偵查中自白而審判中未自白者，均不符合減輕其刑之要件。

至於現行第17條第1項規定：「犯第四條至第八條、第十條或第十一條之罪，供出毒品來源，因而查獲其他正犯或共犯者，減輕或免除其刑。」與修正前之第17條所規定：「犯第四條第一項至第四項、第五條第一項至第四項前段、第六條第一項至第四項、第七條第一項至第四項、第八條第一項至第四項、第十條或第十一條第一項、第二項之罪，供出毒品來源，因而破獲者，得減輕其刑。」其立法用意，固然均在鼓勵被告供出其所製造、運輸、販賣或持有之毒品來源，俾追究出該毒品之前手，以徹底清除毒品氾濫。但修正前之第17條之法律效果僅爲「得減輕其刑」而非必須減輕，因此縱因被告所供而破獲其毒品之上游來源，法院仍有自由裁酌是否減輕其刑之職權。但修正後之現行第17條第1項之法律效果則係「減輕或免除其刑」，故被告如有「供出毒品來源」且係具體供出上游之毒品來源，並因而查獲其他正犯或共犯者，法院即應予以減輕其刑或免除其刑[60]。相信對鼓勵此種犯罪類型案件之被告或犯罪嫌疑人，使其勇於坦

---

[60] 犯施用毒品罪之被告，供出毒品來源，因而破獲者，得減輕其刑，毒品危害防制條例第17條（現行條文爲第17條第1項）定有明文。施用毒品者之該項供述，固非絕無證據能力，但因施用毒品者其供述之憑信性本不及於一般人，況施用毒品者其供出來源，因而破獲者，法律復規定得減輕其刑，其有爲偵查機關誘導、或爲邀輕典而爲不實之陳述之可能，其供述之眞實性自有合理之懷疑。是最高法院一貫之見解，認施用毒品者關於其向某人購買毒品之供述，必須補強證據佐證，係指毒品購買者之供述縱使並無瑕疵，仍須補強證據佐證而言，以擔保其供述之眞實性。該所謂補強證據，必須與施用毒品者關於相關毒品交易之供述，具有相當程度之關聯性，且使一般人對於施用毒品者之供述無合理之懷疑存在，而得確信其爲眞實，始足當之。而此部分有關供出毒品來源，因而查獲其他正犯或共犯而減輕其刑規範之探討，因不在本文論述範圍，請參見劉邦繡，〈我國審檢機關對販毒案件中交易毒品事實認定的證據法則—以最高法院九十五年度台上字第三○二八號、九十五年

承犯行並出面檢舉作證，以利毒品犯罪之易於擴大偵查，得以追訴其他正犯或共犯，而能有效防制毒品氾濫上具有正面上之作用。

(四)槍砲案件之被告自白減刑

槍砲彈藥刀械管制條例第18條第4項之規定：「犯本條例之罪，於偵查或審判中自白，並供述全部槍砲、彈藥、刀械之來源及去向，因而查獲或因而防止重大危害治安事件之發生者，減輕或免除其刑。拒絕供述或供述不實者，得加重其刑至三分之一。」對於前段，實務見解大抵是在討論被告之自白，是否已經供述全部槍砲、彈藥、刀械之來源及去向，並因而查獲或因而防止重大危害治安事件之發生者之要件是否符合，能否減輕或免除其刑[61]。對於後段，法院似乎有意識到違反了「不自證己罪」，以及被告得保持緘默，無須違背自己之意思而爲陳述之憲法上所保障基本人權，而有違憲之虞，因此給予實質凍結，形成有條文但幾乎不見實務上有任何以拒絕供述或供述不實者，得加重其刑至三分之一裁判的情形[62]。此乃探討適用槍砲彈藥刀械管制條例第18條第4項被告自白減刑規定時，首應加以敘明。

度台上字第九四八號、九十三年度台上字第五七四二號三件判決探究），《刑事法雜誌》第53卷第5期，2009年10月，頁37至74。

[61] 見最高法院84年度台上字第1639號，89年度台上字第6169號，90年度台上字第3561號、第6549號，91年度台上字第2969號，93年度台上字第4223號，94年度台上字第6036號，95年度台上字第5130號、第6934號，96年度台上字第1962號，97年度台上字第6889號，98年度台上字第4854號判決。

[62] 例如被告某甲於87年1月15日未經許可，持有制式手槍一把爲警查獲，並於同年2月15日經檢察官起訴，嗣於審理時表示行使緘默權而拒絕陳述，應否依同法第18條第4項規定加重其刑至3分之1？司法院第38期司法業務研究會曾提出研究意見，嗣經研討結論：予以保留。見司法院刑事廳編輯《刑事法律專題研究（十五）》，頁316至317。

　　就貪污、毒品、槍砲案件中被告自白得否減輕其刑之規定，以槍砲彈藥刀械管制條例第18條第4項規定在適用上最為嚴苛；按槍砲彈藥刀械管制條例第18條第4項所規定「犯本條例之罪，於偵查或審判中自白，並供述全部槍砲、彈藥、刀械之來源及去向，因而查獲或因而防止重大危害治安事件之發生者，減輕或免除其刑……」其立法本旨在鼓勵犯上開條例之罪者自白，如依其自白進而查獲該槍彈、刀械之來源供給者及所持有之槍彈、刀械去向，或因而防止重大危害治安事件之發生時，既能及早破獲相關之犯罪集團，並免該槍彈、刀械續遭持為犯罪所用，足以消彌犯罪於未然，自有減輕或免除其刑，以啟自新之必要，故犯該條例之罪者，雖不限於偵查中自白，即使於審判中自白亦可，但若並未因該自白而查獲該槍砲、彈藥、刀械之來源及去向[63]，或並無因而防止重大危害治安事件之發生[64]；即與上開規定應減輕或免除其刑之要件不合。

　　因此犯該條例特定類型之槍砲罪被告自白減刑要件，必須完全符合(1)於偵查或審判中自白，(2)並供述全部槍砲、彈藥之來源及去向，(3)因而查獲或因而防止重大危害治安事件之發生者之上述三要件後，始能減免其刑[65]。至於所謂於偵查或審判中自白，並供述全部槍砲、彈藥、刀械之來源及去向一節，並無供述次數之限制，亦即未規定須一次全部供述清楚，為減免其刑之要件。就該條項之文義及鼓勵犯人供出槍械、彈藥之來

---

[63] 最高法院95年度台上字第6934號判決

[64] 最高法院91年度台上字第2969號判決要旨指出：「本件上訴人雖於偵、審中自白槍、彈來自某丙，但某丙已死亡，顯無查獲或因而防止重大危害治安事件之發生可言，自與該槍砲彈藥刀械管制條例第十三條之二第三項（即現行第十八條第四項）規定之因而「查獲」之情形有別。」

[65] 最高法院90年度台上字第6549號，94年度台上字第6036號，96年度台上字第1962號，97年度台上字第3105號判決。

源及去向，以遏止其來源，並避免流落他人之手而危害治安之立法意旨以觀，自不以犯該條例之罪者，須於偵查或審判中自白時一次供述全部槍械、彈藥之來源及去向為必要，苟其於偵查或審判中自白，已供述全部槍械、彈藥之來源及去向，因而查獲或因而防止重大危害治安事件之發生者，不論分若干次自白供述，均有該條項規定之適用[66]。但依被告其所犯之槍砲犯罪形態，倘該槍砲、彈藥、刀械已經移轉持有，而兼有來源及去向者，固應供述全部之來源及去向，始符合上開規定。但其犯罪行為，僅有來源而無去向，或僅有去向而無來源者，祇要供述全部來源，或全部去向，因而查獲或因而防止重大危害治安事件之發生時，即符合減輕或免除其刑之規定，並非謂該犯罪行為，必須兼有來源及去向，始有該條項之適用。否則情節較重者（兼有來源及去向），合於減免之規定，情節較輕者（僅有來源而無去向，或僅有去向而無來源），反而不合於減免之規定，豈不造成輕重失衡[67]，也就是說在被告自白其所犯槍砲之罪，槍彈僅有來源或去向時已經供出來源或去向，因而查獲或因而防止重大危害治安事件之發生時，即可認為符合該減輕或免除其刑之規定。至於單純自白自己所犯槍砲犯罪事實，則並未符合第18條第4項所規定之「並供述全部槍砲、彈藥、刀械之來源及去向」之要件，即不能適用該條項予以減刑[68]。

---

[66] 最高法院89年度台上字第6169號。

[67] 最高法院95年度台上字第5130號判決。

[68] 最高法院90年度台上字第3561號，93年度台上字第4223號，97年度台上字第6141號、第5780號判決。

四、貪污、毒品、槍砲案件被告自白減刑之相關適用疑義

(一)與證人保護法競合時之適用

在貪污、毒品或槍砲三類型犯罪案件，均有被告自白，應給予司法豁免或減輕刑事責任優待，已如上所述；但因為我國諸多法律上均有規定相同或類似之刑事免責條款，當被告自白符合貪污治罪條例第8條第2項或毒品危害防制條例第17條規定，或槍砲彈藥刀械管制條例第18條第4項規定時，同時亦與法律上均有規定相同或類似之刑事免責條款，例如刑法總則第62條自首得減輕其刑之條文，或證人保護法第14條第1項規定競合時，究應如何對被告為減刑適用？非無疑義。

以毒品犯罪案件而言，如被告於偵查時自白犯罪外，並供出毒品來源，而查獲其他正犯或共犯情形下，又經檢察官依證人保護法第十四條第一項規定事先同意，就其因供述所涉之犯罪，減輕或免除其刑，案經檢察官對被告提起公訴後，被告於審判中亦對檢察官起訴之毒品犯罪自白認罪時，則被告於法律上有多數條款規定減免其刑之法律規定競合，此時被告自白情形，應如何與以減刑？此即本文首開所引最高法院98年度台上字第3930號判決要旨指出當被告已自白運輸毒品犯罪並供出毒品來源而查獲共犯，究應適用證人保護法第14條第1項之減刑規定，或適用毒品危害防制條例第17條（修正前）之自白減刑規定上即有適用之爭點？按民國98年5月20日修正公布前毒品危害防制條例第17條原規定：「犯第四條第一項至第四項、第五條第一項至第四項前段、第六條第一項至第四項、第七條第一項至第四項、第八條第一項至第四項、第十條或第十一條第一

項、第二項之罪，供出毒品來源，因而破獲者，得減輕其刑。」嗣經修正為：「（第一項）犯第四條至第八條、第十條或第十一條之罪，供出毒品來源，因而查獲其他正犯或共犯者，減輕或免除其刑。」而修正後之毒品危害防制條例第17條第1項，已對供出毒品來源，因而查獲其他正犯或共犯者，由得減輕其刑修正為必減輕或免除其刑。而證人保護法第14條第1項所規定：「第二條所列刑事案件之被告或犯罪嫌疑人，於偵查中供述與該案案情有重要關係之待證事項或其他正犯或共犯之犯罪事證，因而使檢察官得以追訴該案之其他正犯或共犯者，以經檢察官事先同意者為限，就其因供述所涉之犯罪，減輕或免除其刑。」就修正後之現行毒品危害防制條例第17條第1項及證人保護法第14條第1項相同要件下，法律效果均同為減輕其刑或免除其刑，然證人保護法第14條第1項適用之前提要件，尚有必須「事先經檢察官同意為限」之要件，顯然證人保護法第14條第1項之適用要件，較諸修正後之現行毒品危害防制條例第17條第1項為嚴格，再者證人保護法第14條第1項之適用犯罪類型，不限於毒品犯罪，而修正後之現行毒品危害防制條例第17條第1項僅限於犯毒品危害防制條例第4條至第8條、第10條或第11條之罪始得適用。因此，若同時符合上開二法律所規定之減刑要件情形下，以該二種法律之寬典效果雖相同，規範目的亦相同，有認為修正後之現行毒品危害防制條例第17條第1項，乃證人保護法第14條第1項之特別規定，應優先適用修正後之現行毒品危害防制條例第17條第1項減刑規定，而不得再適用證人保護法第14條第1項之減刑規定[69]。

---

[69] 台灣台中地方法院97年訴字第5008號販毒案件，該案於98年9月29日宣判時，採此見解。至最高法院96年度台上字第246號判決要旨：「按證人保護法第二條所列刑事案件之被告或犯罪嫌疑人，於偵查中供述與該案案情有重要關係之待證事項或其他正犯或共犯之犯罪

　　但亦有相反見解，認爲依證人保護法第14條第1項規定，其立法意旨係在於鼓勵被告或犯罪嫌疑人供出其共犯結構之成員，俾能除惡務盡，徹底打擊重大犯罪，重在對於其他成員之追查訴究，期能一網打盡、繩之以法；其寬典之適用對象，爲該法第2條所定之重大刑案被告或犯嫌；前提要件，須事先經檢察官同意，隱有協商之意；如以槍砲彈藥刀械管制條例之刑事案件而言，僅於該條例第8條第4項、第11條第4項、第12條第1項、第2項、第4項、第5項或第13條第2項、第4項、第5項犯罪有證人保護法減免其刑規定之適用，其餘第9條、第14條及第15條之犯罪，則不適用之。但該條例第18條第4項前段另定：「犯本條例之罪，於偵查或審判中自白，並供述全部槍砲、彈藥、刀械之來源及去向，因而查獲或因而防止重大危害治安事件之發生者，減輕或免除其刑。」此寬典之適用對象，普及於犯該條例之所有犯罪，且不須事先經檢察官同意；立法旨趣在於鼓勵被告自白，尋出全部管制物品，防免繼續流落在外，危害社會治安，雖亦會供出他人（非共同正犯或其他共犯），但重在槍砲、彈藥、刀械之取出、清繳。足見證人保護法第14條及槍砲彈藥刀械管制條例第18條二種法律之寬典效果雖相同，然而規範目的有別，適用範圍不一，僅有部分合致，如同時充足各該減免其刑之規定要件，法律既無類似想像競合犯從一重處斷

事證，因而使檢察官得以追訴該案之其他正犯或共犯者，以經檢察官事先同意者爲限，就其因供述所涉之犯罪，減輕或免除其刑，證人保護法第十四條第一項定有明文。又依毒品危害防制條例第十七條規定，犯第四條第一項至第四項、第五條第一項至第四項前段、第六條第一項至第四項、第七條第一項至第四項、第八條第一項至第四項、第十條或第十一條第一項、第二項之罪，供出毒品來源，因而破獲者，得減輕其刑。從而，如供述共犯或毒品來源，若同時符合上開二法律所規定之情形時，因證人保護法有減輕或免除其刑之規定，較之毒品危害防制條例第十七條僅規定得減輕其刑，對被告較爲有利，自應優先適用證人保護法。」於98年5月20日修正後之毒品危害防制條例第十七條第一項適用後，恐難再引爲參照。

之規定，如均同時符合該二種法律之減刑要件時，自應依刑法第70條規定予以遞減，始足提供更多誘因，鼓勵犯罪人一再採取有利於己之配合作為，達致全體法規範之目的，並符罪刑相當原則[70]。此一關於槍砲彈藥刀械管制條例與證人保護法上被告自白減免罪責之規定適用之見解，應屬較有利被告，應值贊同；故在毒品危害防制條例或貪污治罪條例上亦有相同之競合情形，本文認為在同時均符合毒品危害防制條例第17條或貪污治罪條例第8條與證人保護法第14條第1項之二種法律之減刑要件時，自應依刑法第17條規定予以遞減，始足提供更多誘因，鼓勵犯罪人一再採取有利於己之配合作為，達致全體法規範之目的。

(二)與其他減刑規定競合時得否遞減之適用

　　刑法第70條規定：「有二種以上刑之加重或減輕者，遞加或遞減之。」因此在審理貪污、毒品、槍砲案件除被告自白外，尚有其他法律規定得以減免罪責之事由存在時，是否得以同時適用有二種以上刑之減輕者，同時適用予以遞減之？

　　在貪污治罪條例第8條規定：「犯第四條至第六條之罪，於犯罪後自首，如有所得並自動繳交全部所得財物者，減輕或免除其刑；因而查獲其他正犯或共犯者，免除其刑。（第一項）犯第四條至第六條之罪，在偵

---

[70] 最高法院98年度台上字第3778號判決採此見解。依該判決之案例事實指出：「原審以丙○○、丁○○及戊○○事先經檢察官同意，供出其他共犯，因而使檢察官得以追訴各該共同正犯與共犯，乃依證人保護法第十四條第一項規定減輕其刑，但其三人所犯違反槍砲彈藥刀械管制條例罪部分，「於偵查中自白，並供述全部槍砲、彈藥之來源及去向，因而查獲被告甲○○，雖亦符合槍砲彈藥刀械管制條例第十八條第四項前段規定，惟……業依證人保護法第十四條第一項規定減輕其刑，自毋庸再適用槍砲彈藥刀械管制條例第十八條第四項前段規定減輕其刑，所持法律見解尚嫌未洽，而有判決不適用法則之違法。」

查中自白，如有所得並自動繳交全部所得財物者，減輕其刑；因而查獲
其他正犯或共犯者，減輕或免除其刑。（第二項）」實務上之見解有認
為合於自首要件者，當然包括自白在內，已依自首規定減輕其刑後，自不
得再依自白規定遞減其刑。乃認為其第8條第2項與該條第1項是不能同時
適用；第8條第2項係指其自白不合乎該條第1項之自首之要件而言，故必
其自白不合乎自首之要件，才予以適用。若其自白合乎自首之要件者，自
應優先適用自首之規定減輕其刑，而不能再依自白之規定，遞減其刑。因
此犯第4條至第6條之罪之被告在偵查中之自白，如已符合第8條第1項自首
之要件，自僅能依自首之規定減輕其刑，而不得再依第2項自白之規定遞
減其刑。而符合貪污治罪條例第8條第1項規定自首減刑規定之適用，依刑
法第11條規定：「本法總則於其他法律有刑罰或保安處分之規定者，亦適
用之。但其他法律有特別規定者，不在此限。」該第8條第1項之規定屬刑
法第62條但書所稱之特別規定，即不能再適用刑法第62條自首減刑規定；
但該條項之規定雖屬刑法第62條但書所稱之特別規定，但並非完全排斥刑
法第62條前段規定之適用。因而當被告所為之自首，縱不合於貪污治罪條
例第8條第1項所規定減輕或免除其刑之特別要件（即僅自首，未將貪污所
得財物全部自動繳交），但已符合刑法第62條前段自首之規定，仍得適用
刑法第62條前段之規定減輕其刑[71]。至於槍砲彈藥刀械管制條例第18條第
1項所規定「犯本條例之罪自首，並報繳其持有之全部槍砲、彈藥、刀械
者，減輕或免除其刑；其已移轉持有而據實供述全部槍砲、彈藥、刀械之
來源或去向，因而查獲者，亦同。」第4項所規定「犯本條例之罪，於偵
查或審判中自白，並供述全部槍砲、彈藥、刀械之來源及去向，因而查獲

---

[71] 最高法院89年度台非字第173號，95年度台上字第336號判決。

或因而防止重大危害治安事件之發生者，減輕或免除其刑。拒絕供述或供述不實者，得加重其刑至三分之一。」此二項規定與貪污治罪條例第8條第1、2項規定類同，其間之適用關係，亦應同上之適用方式解決之。

在被告所犯特定之毒品犯罪，依毒品危害防制條例第17條第1項規定「犯第四條至第八條、第十條或第十一條之罪，供出毒品來源，因而查獲其他正犯或共犯者，減輕或免除其刑」；第2項規定「犯四條至第八條之罪於偵查及審判中均自白者，減輕其刑。」被告如於偵查中供出毒品來源，並使偵查機關查獲其他正犯或共犯者，又被告於偵查及審判中均自白所犯之販賣第毒品犯行，因第17條第1、2項之立法目的並不相同已如前所述，因此被告自應依修正後毒品危害防制條例第17條第2項規定，減輕其刑外，亦應再依修正後毒品危害防制條例第17條第1項規定，遞減其刑[72]。

(三)被告自白時檢察官所為具體求刑之性質

檢察官與被告於偵查中，達成協議，依證人保護法第14條第1項規定，由檢察官事先同意，於偵查中被告供述與該案案情有重要關係之待證事項或其他正犯或共犯之犯罪事證，因而使檢察官得以追訴該案之其他正犯或共犯者，就被告其因供述所涉之犯罪，檢察官於提起公訴時或實行公訴時具體向法院請求一定刑度之輕刑並請法院宣告緩刑或免除其刑之情形下。此一具體科刑協議，是否有拘束法院之效力？如法院並未依檢察官求

---

[72] 民國98年5月20日公布現行之毒品危害防制條例第17條第1項、第2項規定後，法院實務均採此見解：如臺灣高等法院98年度上訴字第1664號，臺灣高等法院臺中分院98年度上訴字第1479號，台灣台中地方法院97年訴字第5008號，98年度訴字第1872號、第1892號、第2324號判決數則，不再一一贅引。

刑意旨之刑科處，在訴訟上及證據法則上應如何予以該自白評價，是否會對被告公平審判之程序產生影響？

本文認為依刑事訴訟法第98條規定「訊問被告，不得用利誘……或其他不正之方法」，同法第156條第1項規定「被告之自白，非出於利誘……或其他不正之方法，且與事實相符者，得為證據」，足見上開法條所指之「利誘」，係指不正之利誘，故法所明定之證人保護法第14條所指經檢察官事先同意之被告或犯罪嫌疑人於偵查中所為可因而減輕或免除其刑之供述，自非出於不正之利誘方法；而此供述，其證據能力，縱使法院未依檢察官與被告在偵查中之協議所為具體求刑內容而為判決時而異其認定，只要被告在偵查中所為供述，既係出自被告自由意思下之任意性陳述之自白[73]，即具有證據能力[74]。

檢察官代表國家為原告提起公訴之案件，其所為具體求刑及為緩刑宣告與其期間、條件或免除其刑之聲請或表示，屬訴訟法上當事人之請求[75]，除簡易程序外，應無拘束法院之效力[76]，法院於審理過程亦無告知被告是否依檢察官請求而為判決之義務，否則即形同於辯論終結前先告知

---

[73] 檢察官與被告達成向法院求處輕刑及緩刑之協議，上開協議於被告之理解，為檢察官有『不對某一寬容之量刑表反對』之承諾，固然有可能被告於協議當時也會同時認知，此檢察官求處輕刑、緩刑或免除其刑之承諾，應會持續至法院審判確定之整個訴訟程序中；但此乃被告自己依據陳述時之客觀情勢，在自由意識認知之分析、判斷下所做決定是否要陳述？應無所謂其陳述欠缺自願性問題。

[74] 此與刑事訴訟法第7編之1審判中協商程序之第455條之7所規定：「法院未為協商判決者，被告或其代理人、辯護人在協商程序中之陳述，不得於本案或其他案件，採為對被告或其他共犯不利之證據。」有所不同。

[75] 刑事訴訟法第289條第3項規定：「依前二項辯論後，審判長應予當事人就科刑範圍表示意見之機會。」另第3條規定：「本法稱當事人者，謂檢察官、自訴人及被告。」

[76] 相同見解如最高法院97年度台非字第115號判決。但在簡易判決處刑程序中，依刑事訴訟法第451條之1第4項前段規定，於檢察官聲請簡易判決處刑案件，法院應於檢察官求刑或緩刑宣告請求之範圍內為判決之情形，有受檢察官向法院求刑意旨之拘束。

判決內容，此顯非法所容許。至於被告因己自白犯罪，且認爲檢察官向法院求刑之刑度亦可接受，遂於法院審理程序中捨棄行使其防禦權、詰問權及聲請調查證據之權利時，以訴訟程序中是否行使防禦權、詰問權及聲請調查證據之權利，被告均有處分權，被告如不積極行使，法院並無促其行使之責，不得以法院未促其行使，即謂法院未保障其上開權利之行使，而以事後法院判決之刑度與檢察官求刑之刑度有所差異，反指法院前進行之訴訟程序爲違法。

五、貪污、毒品、槍砲案件被告自白任意性與眞實性之調查

　　自古以來，自白被稱之爲證據之王，在作爲犯罪證據方面可謂有其不可代替性之地位，如上所述，以自白在證據法上歸類爲直接證據之一種，其重要性始終未曾改變，被告之自白仍支配著整個刑事司法程序的運作；但在證據法，自白之評價卻屢成爲司法審判及學說上爭議之焦點，被告自白取得的過程是否合法？被告自白是否出於任意性？是否與事實相符？這都與被告在刑事訴訟程序上的地位與保障息息相關，尤其自白與不自證己罪原則間的微妙關係，更屬關注所在。被告自白當然不可成爲證明被告有罪之唯一主要證據，但若被告確爲犯罪之人，則以其身處犯罪現場之行爲人而言，與犯罪事實關係最爲密切，且爲犯罪事實成立之主體，完全排除被告自白之證據價值，乃事實上不可能，尤其是在欲調查其他應調查之必要證據時，被告自白往往提供必要之線索及方向，況且如果被告自白與犯罪事實相符，則更能提供給檢察官蒐集證據或法院證據調查最確切的方

向，因此被告自白所可能具有之實質證據價值，的確不可能也不必完全予以推翻。

被告之自白如係在審理中自白，由於法院並非如偵查秘密，而係公開審理，因此當被告所涉及之犯罪事實經檢察官起訴繫屬法院後，於法院審理該案中被告自白，應無非法取得被告自白而有違反自白任意性法則的問題。但偵查中被告之自白，爲了避免偵查機關爲取得被告自白而不擇手段，致戕害人權，並爲確保自白之眞實性，各國立法例莫不明文規定，必須在一定嚴謹程序下取得自白，始可作爲認罪科刑之證據。我國刑事訴訟法第156條第1項即規定：「被告之自白，非出於強暴、脅迫、利誘、詐欺、疲勞訊問、違法羈押或其他不正之方法，且與事實相符者，得爲證據。」此規定明白揭示自白需要具有任意性方具有證據能力。同法第156條第2項明文規定：「被告之自白不得作爲有罪判決之唯一證據，仍應調查其他必要之證據，以察其是否與事實相符。」此規定係指除自白外，仍需其他補強證據，始得爲有罪之判決，學者稱此爲自白補強法則。

(一)被告自白任意性之調查

在貪污、毒品、槍砲案件中之被告自白，由於有減刑之規定與適用，該自白取得的過程是否合法？被告自白是否出於任意性？是否與事實相符？更凸顯其在訴訟上之爭議。但此時該自白的任意性最大的問題，並非在該自白係否經由強暴脅迫而取得？而係有無因「利誘」[77]而作虛僞之自

---

[77] 刑事訴訟法第98條規定「訊問被告，不得用利誘……或其他不正之方法」，此所指之「利誘」，係指不正之利誘，故以告知受訊問人其法律上所明定賦予之司法或減輕其刑或免除其刑之司法豁免之地位而偵訊，不能認爲係出於不正之利誘方法。參見最高法院97年度台非字第115號判決要旨。

白？蓋因其自白的內容對被告而言往往具有高度利害關係，一則被告自白自己犯行，得以減輕其刑，如並供述共犯之犯行時，更可能獲得遞減其刑或免除其刑，此際被告自白所供述犯罪情節之描述，往往可能導致各共犯間犯行輕重具有差異，另一方面被告有獲得減免其刑之司法豁免的誘因時，該自白是否易成為誣指他人入罪之虛構事實？法院在將被告的自白做為證據調查時，如何從人性的觀點考慮被告（即有可能是共犯或虛假共犯）因利己目的而扭曲事實的可能性，來判斷該自白是否出自偵查人員以不正方法利誘而取得至為重要[78]。法院在調查自白有無因利誘而形成，應注意如下情形：與利益有關的自白，有各式各樣，影響自白的任意性是相當微妙而不明顯，而利益的提示又未必侵犯人權，也未必一定明顯違法，因此對於與利益有關之自白（在本文即被告自白取得其法律上之減免其刑之刑事免責上之司法豁免的利益）是否具有任意性，比較妥當的方法是先按排除虛假自白原則進行任意性判斷，根據虛假原則，與利益有關的自白是否具有任意性，取決於該利益提示是否具有誘發虛假自白的可能性，但是，究竟什麼樣的狀態才屬具有誘發虛假自白的可能性呢？就必須綜合多種因素進行判斷，當被提示之利益內容越具誘惑力，則其誘發虛假自白可能性越高，而利益提示之偵查人員具有實現左右該利益的權限時，該提示之利益最具誘發虛假自白可能性，如提示之偵查人員並沒有該利益處分權限，並且被告也完全了解他無此權限時，可以認為該人的利益提示較不具有誘發虛假自白可能性；在利益提示型態上，暗示性的利益給予約定的虛假自白誘發力，較明確利益給予約定要小。但是上述只是利益提示對被告或嫌疑人心理產生影響，在實際案例中，仍然要參照當時偵訊環境與被告

---

[78]　參見蔡墩銘，《刑事證據法論》，五南圖書出版公司，1997年，頁69。

自身特徵綜合分析判定[79]。

　　本文所關注焦點是關於透過提示司法豁免或減輕罪責之利益而取得被告自白情形下，有無任意性？能否作為證據使用？比如檢察官直接與被告約定，如自白就不予起訴或自白就可以減輕其刑或免除其刑？該自白是否出自利誘呢？按所謂利誘乃訊問者誘之以利，讓受訊問者認為是一種條件交換之允諾，因足以影響其陳述之意思決定自由，應認其供述不具任意性，故為證據使用之禁止。但並非任何有利被告之提示或允諾，均屬「禁止之利誘」，就必須認定所得的自白無效，而是只有偵訊人員的誘惑可能造成錯誤的自白時，才有必要宣告自白無效[80]，例如法律賦予刑事追訴機關對於特定處分有裁量空間，在裁量權限內之技術性使用，以促成被告或犯罪嫌疑人供述，應屬合法之偵訊作為，不能認為是禁止使用之偵訊方法，這在證人保護法第14條第1項立法意旨已敘明基於特定或重大犯罪危害甚鉅，若非正犯或共犯間相互指證，大多難以順利破獲，又基於鼓勵該等犯罪中之正犯或共犯自白自新，故設定在一定條件之下，使其獲邀減輕或免除其刑之規定[81]。因此，檢察官於訊問前，曉諭並告知被告在上開條件下可以獲得法律減免其刑之規定，乃係法定寬典並為被告法律之利益之告知，此告知亦屬檢察官依據刑事訴訟法第2條規定之實施刑事訴訟程序之公務員，應於被告有利及不利之情形一律注意法定義務之踐行，此減免寬典並設有以「經檢察官事先同意者為限」之條件，自係檢察官權限範圍

---

[79] 參照石井一正著，陳浩然譯，《日本實用證據法》，五南圖書出版公司，2000年，頁189至192。

[80] State v. Nunn, 212 Ore. 546. 321 P.2d 356 (1958)，轉引自Williams & Wilkins著，高忠義譯，《Criminal Interrogation and Confessions，刑事偵訊與自白》，商業週刊出版公司，2000年，頁405。

[81] 此在【聯合國反腐敗公約】其中第37條亦有相同之規範，條文參前註。

內之合法偵查作爲，並非許以法律所未規定或不容許之利益，故非禁止之利誘，而是「法律所規定之利益」。我國實務見解認爲刑事訴訟法第98條規定「訊問被告，不得用利誘……或其他不正之方法」，同法第156條第1項規定「被告之自白，非出於利誘……或其他不正之方法，且與事實相符者，得爲證據」，足見上開法條所指之「利誘」，係指不正之利誘，故法所明定之證人保護法第14條所指經檢察官事先同意之被告或犯罪嫌疑人於偵查中所爲可因而減輕或免除其刑之供述，或偵查人員告知有關貪污治罪條例第8條、毒品危害防制條例第17條、槍砲彈藥刀械管制條例第18條有關自白減刑規定，乃被告所應享有法律上之利益，並非出於不正之利誘方法[82]。

　　至於偵查中被告自白取得有無以強制形成自白，是否符合任意性法則而具有證據能力之判斷，在當自白與偵訊使用之不正方法間具有因果關係，該自白即是不符合任意性原則應予證據排除，而因果關係之判斷，除應依個案具體情節，詳細考察訊問一方實施不正方法之態樣、手段、參與實施之人數等及受訊問一方之年齡、地位、品行、教育程度、健康狀況等情狀外，更應深究不正方法與自白間之相關聯因素，如實施不正方法對受訊問人強制之程度、與自白在時間上是否接近、地點及實施之人是否相同、受訊問人自白時之態度是否自然、陳述是否流暢及其他相關情況，爲綜合研判[83]。法院於審理可以下列方式調查[84]：(一)被告訊問之過程，是否遵行正當法律程序進行，偵查人員有無履行告知義務，訊問過程有無依規

---

[82] 最高法院97年度台非字第115號，97年度台上字第703號、第1655號判決。

[83] 最高法院刑98年度台上字第4726號判決。

[84] 褚劍鴻，《刑事訴訟法論上冊》，台灣商務印書館，1994年，頁254至256。石井一正著，陳浩然譯，《日本實用證據法》，五南圖書出版公司，2000年，頁183至189。

定全程錄音、錄影，以供日後檢驗訊問過程的有無合法、正當、任意性。
(二)有無以不正方式訊問，在偵訊實務運作中，除刑求逼供較受重視，例如有無使用疲勞轟炸、戴上手銬、令受訊問人跪坐、強光照射、灌辣椒水、通宵長時間由數人作威嚇性或追及性或執拗性對同一問題調查反覆偵訊、違法羈押等強迫手段，致使被告在無法忍受時而爲自白之供述。此外，被告如有因第三人向其施用上述不正方法，致不能爲自由陳述時，其自白乃不具有任意性，仍不得採爲證據[85]。

(二)被告自白並供出共犯時，該被告自白補強證據之調查

　　立法者透過以「自白任意性法則」及「自白補強證據法則」手段，來防止自白的強制取得之危險並防止過度依賴被告自白。在貪污、毒品、槍砲案件中，由於法律上均有以被告自白，因而查獲其他正犯或共犯者，可以減輕或免除其刑之相關規定。此被告自白減輕其刑或免責條款，固係爲鼓勵此種犯罪類型案件之被告或犯罪嫌疑人，使其勇於坦承犯行並出面檢舉作證，以利犯罪易於擴大偵查，得以追訴該案之其他共犯，乃設此寬典。但適用上開規定之被告，其供述之憑信性本不及於一般人；爲避免其有被偵查機關誘導，或被告爲圖邀輕典而爲不實供述之可能，又爲擔保被告所爲不利於其他共同被告（共犯）之供述（即供出該案之其他共犯事證之陳述）之眞實性，自應有足以令人確信其供述爲眞實之補強證據，俾貫徹刑事訴訟無罪推定及嚴格證明之基本原則。

　　上開貪污、毒品、槍砲案件中之被告共犯間，由於某一被告自白法律

---

[85] 最高法院91年度台上字第893號判決。

賦予減輕其刑或免除其刑之利益而有利害衝突[86]，而共犯的自白得否作爲其他共同被告自白的「補強證據」？如爲肯認，將易造成警察或偵查機關以「咬住共犯」爲交換條件，而做爲「利誘被告自白之手段」的後遺症。「共犯」在刑事訴訟程序中，只是兩個受訴的被告，在判決確定之前，是否爲「共犯」並不明確，在這種情形下，「共犯之被告」即有可能成爲法院審理程序時之證人，在被告曾經自白並供出其他共犯的情況下，被告之自白同時也是「共犯」的自白，此時被告首先要證明的待證事實是「已經自白之被告在場而且知悉犯罪事實」，其次才是「被告參與犯罪」，而前者是後者的前提要件，在這種認識之下，「共犯之被告」的自白要被採爲證據，除了必須符合「任意性」和「眞實性」的要求，更必須證明「共犯之被告在場且知悉」，進而才是調查其他補強證據；而所謂補強證據，實務上見解認爲固然並非以證明犯罪構成要件之全部事實爲必要，倘其得以佐證自白之犯罪非屬虛構，能予保障所自白事實之眞實性，即已充分。又得據以佐證者，雖非直接可以推斷該被告之實施犯罪，但以此項證據與被告之自白爲綜合判斷，若足以認定犯罪事實者確認即屬之[87]。然在共犯關係間之被告，其被告間或相互共犯間之自白縱所述內容一致，仍爲自白，究非屬自白以外之其他必要證據，不能以此各被告或共犯間之自白相互間得作爲證明其個人所自白犯罪事實之補強證據。蓋共犯之自白，性質上仍屬被告之自白，縱先後所述內容一致，或經轉換爲證人而具結陳述，仍屬不利己之陳述範疇，究非自白以外之其他必要證據，自不足作爲證明其所

---

[86] 此類被告自白給予寬典之量刑，否認犯行之被告則依法論科處重刑，即是我國長期以來所謂「坦白從寬，抗拒從嚴」刑事政策下之寫照。

[87] 最高法院74年台覆字第10號、73年台上字第5638號判例。另有如最高法院96年度台上字第3102號、95年度台上字第6240號判決數則，不再一一贅引。

自白犯罪事實之補強證據，也不能因為該共犯以證人之身分到庭陳述，即可認其已轉換為單純在場見聞事實經過之第三人，而無須藉由補強證據以擔保其陳述之真實性[88]。

因此在此種情形下所謂補強證據，不是被告或共犯前後供述是否相符、有無重大矛盾、指述是否堅決以及態度是否肯定等情，這些情狀僅足為判斷其供述是否具有瑕疵之參考，因仍屬自白或對己不利供述之範疇，尚不足作為其所述自白犯罪事實（其他共犯之犯罪事證）之補強證據；而其與所供出之其他共犯間之關係、彼此交往背景、有無重大恩怨糾葛等情，亦因與「其他共犯之犯罪事證」之有無，不具必然之關連性，亦不足藉以補強及擔保其自白供述為真實之證明力[89]。故事實審法院對貪污、毒品、槍砲案件中被告或共犯之自白，有關其他正犯或共犯之供述或槍砲、彈藥、刀械之來源及去向，或毒品來源之陳述，應再調查其他補強證據，相互參酌，必達於通常一般之人均不致有所懷疑，而得確信該被告自白或陳述為真實者，方得為有罪之認定。

六、結論

被告之自白得以做為有罪判決的證據，應是基於「任何無罪之人不會

---

[88] 最高法院97年台上字第3566號、第4648號，98年度台非字第165號，98年度台上字第2052號、第3806號、第4412號、第4560號判決數則，不再一一贅引。在最高法院98年度台上字第4560號判決（民國98年8月13日判決），更指出：「共犯所為不利於己之陳述，須以證人之身分具結陳述，並接受其他共犯之詰問，始能採為不利於其他共犯之證據，乃係基於確保被告在刑事訴訟上之防禦權及詰問權而來，與共犯之自白須藉由補強證據以擔保其真實性之情形不同，不容混淆。」

[89] 最高法院98年度台上字第4868號、98年台上字第5334號判決。

承認自己有罪」的經驗法則。但是此一經驗法則本身可能也潛藏著反向推論的可能性：「當『任何無罪之人不會承認自己有罪』此一經驗法則推得『被告若願意自白，則其自白理應為眞實』的結論時，卻即有可能推得『被告如果自白，則其自白很有可能非出於任意性』的結論」。此二推論，前者容易使法官對被告有罪達成高度心證，後者卻恰能完全推翻自白的證據能力，這二者應是矛盾，此正係因「自證其罪」在人性上實屬不可期待、不可信賴之事，故以「自白」作為定罪之依據，本質上即為一種更需要小心求證的「危險平衡」。比較安當的作法，是透過科學辦案的技巧，以充分蒐集符合客觀眞實的補強證據作為認定事實的核心，被告自白僅用以連綴犯罪情節而已。從刑事偵查發現客觀眞實的目的而論，與其說被告之「自白」需要其他證據加以補強，不如說被告之「自白」應僅能用以補強其他客觀證據，或以自白提供其他證據蒐集及調查之方向。

　　本文認為在我國社會擔任「抓把子」的角色是否較不見容於傳統文化的關係所致，但以自白並查獲其他正犯或共犯為要件之規定，法院即應背書為刑之減輕或免除之法律規定，乃出於偵查者及追訴者之觀點，可能忽略法院程序法上維護其他共犯公平審理之權利。以被告自白並查獲共犯為由，作為刑罰減免事由，具有高度入他人於罪之風險，尤其以偵查中之自白為甚，貪污治罪條例第8條第2項條文所規定：「犯第四條至第六條之罪，在偵查中自白，因而查獲其他正犯或共犯者，減輕或免除其刑。」及毒品危害防制條例第17條規定：「犯第四條至第八條、第十條或第十一條之罪，供出毒品來源，因而查獲其他正犯或共犯者，減輕或免除其刑。（第一項）」之立法形式上所採「減免刑責」模式，均屬法院之刑罰裁量權，於審判終結前因無法獲知法院衡量結果，檢察官自然無法於偵查終結時擔保涉案被告得以免除刑事責任，致欠缺豁免效果之實效，這種

著重追訴者觀點的設計下，被告於審判前因自白而查獲正犯，如於審判中卻翻供，將造成追訴本案正犯的困難，是否有助於真實發現的發現，亦誠屬可議。在貪污、毒品或槍砲案件往往涉及所謂集團性或共犯結構，具隱密性、證據保全困難以及主觀犯意聯絡關係證明困難的狀況，對此，我國立法例對於此類犯罪設有自白之減免特例及所謂「窩裡反條款」，此項刑事政策方向可以理解[90]。但是否可以考慮更人性化之立法，例如98年5月20日修正公布之毒品危害防制條例第17條第2項即規定「犯第四條至第八條之罪於偵查及審判中均自白者，減輕其刑。」此項減免刑責只要被告自白自己犯罪即可獲致，而無須使被告有擔任「抓把子」的角色在社會上不被見容之困境及以「咬住共犯」做為被告自白而入他人於罪的疑慮與後遺症。

　　我國防制貪污、毒品、槍砲之刑事立法對策，歷來採行重刑化及疊床架屋式模式，在貪污治罪條例為澄清吏治，在毒品危害防制條例則為嚴懲毒販或毒梟，在槍砲彈藥刀械管制條例則為防止重大危害治安事件之發生者，乃大幅針對公務員貪瀆行為或毒販或擁槍彈自重者加重自由刑及罰金刑之處罰，並設計公務員包庇罪，但又認知重刑化立法之缺失，復針對自首或自白規範減免刑責等措施為其重要之特徵。基於貪污、毒品、槍砲犯罪通常具有隱匿性、集團性，不易偵查及取得重要事證等特性，因此，立法上規範對此特定類型之犯罪的偵查或起訴有提供實質性配合的人，允許減輕其刑或免除其刑或不起訴的可能性，而在法律制度設計上提供適當之法律上利益之誘因，以利偵查與起訴甚至定罪，並得嚇阻貪污、毒品、槍

---

[90] 見陳運財，〈貪瀆犯罪窩裡反條款與刑事免責之檢討〉，《日新司法年刊》第8期，2008年7月，頁96至101。

砲犯罪之持續擴大氾濫，應是我國貪污治罪條例第8條及槍砲彈藥刀械管制條例第18條以犯該條例特定犯罪之行為人而有自首或自白者，或毒品危害防制條例第17條對特定毒品犯罪之行為人自白，分別按情形給予減輕或免除其刑之獎勵，採取「必減主義」之理由，但由於我國法律上對被告減輕其刑規定錯綜複雜，其所規定之被告自白減輕其刑之要件互有不同，因而導致審判實務上衍生如首開判決所指出之適用上爭議問題，但經過本文探討與論述後釐清後仍有適用解決之道。

依被告自白減刑規定之刑事政策上考量目的，藉此鼓勵特定之貪污、毒品、槍砲犯嫌能夠勇於接受刑罰制裁，使偵查機關得藉以究明真相，避免貪污、毒品、槍砲犯罪之隱密性而使犯罪黑數高昇，達成刑事政策上之正面預防作用，並無可議；更基於貪污治罪條例、毒品危害防制條例、槍砲彈藥刀械管制條例相對於刑法乃屬特別規定，尤更應承認其刑事政策上之目的與作用。任何人皆無義務以積極行為來協助對自己的犯罪追訴的不自證己罪原則，這是源自法治國家保障人權的思想；國家機關不得強制人民積極證明自己犯罪，因為自證犯罪是違背人性尊嚴的，是違反意思決定與意思自由等憲法上的權利的，亦因此原則而導出被告在刑事訴訟中的沉默權。據此，被告對於被指控的犯罪並無陳述義務，唯對於是否陳述則享有自由，被告可以從最有利於己的角度決定是否陳述，被告如果願意「自證其罪」，或係徹底悔悟、或係因其他客觀證據使其無所狡辯遁形，理應無一再堅決翻供的理由與動機，此際國家的法律上亦應相對給予一定之寬典。

公正與效率是法院審判之核心，但犯罪案件之質與量日趨複雜，對犯罪嫌疑人、被告、被害人權利保護的加強，以及民眾對刑事司法程序是否公正之關注，導致法院審理案件時程之拖延，在我國已是一個不爭的事

實。如何加快我國刑事司法制度處理刑事案件的效率，是一項非常重要而又緊迫的課題。各國法院審判情形指出自白認罪率高，應當與實行自白認罪即寬大處理的刑事政策具有直接關聯性，如自白認罪得不到獎賞只有傻瓜才認罪，無論是從眞實主義的角度，還是從效率的訴訟經濟價值層面，被告任意性之自白且符合眞實性情況下，該自白認罪之被告減輕其刑或免除其刑，應屬合理與必要且優先之刑事政策。因此，在這種意義上也可以說，如果某一個國家的刑事法律體系不是鼓勵大多數犯人認罪的法律體系，那可能將造成司法之超載，司法之正義與合宜之刑罰即不可能實現[91]。偵查中及審判中被告認罪自白，無論對偵查或爾後起訴和審判，無疑在訴訟程序上相當重要。

（原文刊載軍法專刊第56卷第1期，2009年2月）

---

[91] 根據日本司法統計，1988年地方法院審判之通常訴訟案件中有91.9%被告自白，簡易案件則有89%被告自白，1993年地方法院審判之通常訴訟案件中有91.8%被告自白，簡易案件則有91.7%被告自白；而被告自白與否認在地方法院審判期間，於1988年地方法院審判之通常訴訟案件中被告自白，審理期間爲2.7月，簡易案件則爲1.9月，於1993年地方法院審判之通常訴訟案件被告自白，審理期間爲2.8月，簡易案件則爲1月。見田宮裕，《刑事訴訟法新版》，有斐閣，1998年，頁345。

5 刑罰裁量易科罰金後檢察官指揮執行之正當程序

最高法院99年度台抗字第899號裁定探討

■摘要 SUMMARY

依刑事訴訟法第457條之規定，執行裁判由為裁判法院之檢察官指揮之，以民國98年度在各地方法院檢察署所有刑事執行確定裁判有罪之人數而言，其中以判處6月以下有期徒刑最多，其次是判處拘役之人數，二者合計是檢察官執行裁判確定有罪人數之比例，已高達近六成三，而這些執行案件正是屬於刑法第41條第1項得易科罰金之案件，顯見易科罰金執行案件如何執行，確屬刑事訴訟法第八編，執行國家刑罰權實現的核心問題。在有期徒刑或拘役得易科罰金之案件，法院量刑所諭知者，僅易科罰金折算之標準，至於是否准予易科罰金，則賦予執行檢察官視受刑人是否確因易科罰金，有刑法第41條第1項難收矯正之效，或難以維持法秩序之情事，有判斷裁量之權限；當受刑人就檢察官否准其易科罰金之聲請指揮入監服刑時，則可以向法院聲明異議請求救濟，由法院審查檢察官為之裁量時是否合法。惟易科罰金之執行程序，就檢察官指揮執行所為處分之性質為何？其應遵循之正當程序為何？應否符合行政程序法相關程序規範？又執行檢察官於刑之執行指揮前，應否聽取受刑人之意見陳述？受刑人有無權利參與檢察官指揮執行決定之作成？能否認為檢察官未使受刑人參與該不准易科罰金之指揮執行處分決定之形成，而有違背正當程序？可見就易科罰金之執行程序上，仍有疑義與爭議，本文乃予釐清。

關鍵字：易科罰金、刑事執行、聲明異議、正當程序、重複評價

一、系爭裁定事實及意旨

本件係一件異議人即受刑人因詐欺取財等案件，經臺灣臺南地方法院判決異議人有罪並定合併執行有期徒刑三年三月[1]，上訴至臺灣高等法院臺南分院，經該院駁回上訴而確定案[2]，嗣該應執行之有期徒刑三年三月，因已逾六個月有期徒刑，原判決依94年2月2日修正公布之刑法第41條第2項之規定，未爲易科罰金之諭知，原無不合；惟因98年1月21日修正公布之刑法第41條第8項之規定，認數罪併罰之案件，數宣告刑均得易科罰金，而定應執行之刑逾六個月有期徒刑之案件，仍得易科罰金。乃由該高分院依刑事訴訟法第309條第2款裁定諭知原宣告刑及應執行刑，如易科罰金，均以新臺幣壹仟元折算壹日確定[3]後，由臺灣臺南地方法院檢察署檢察官囑託臺灣板橋地方法院檢察署檢察官執行，執行檢察官指揮執行不准受刑人易科罰金而將其發監執行該自由刑[4]。

異議人即受刑人對檢察官未准其聲請易科罰金而將異議人指揮入監服刑爲不當，而向臺灣高等法院臺南分院聲明異議，該高分院受理後，認爲檢察官僅以「審酌受刑人所犯多達十六罪，其中多有恐嚇取財等暴力型犯罪，如不發監執行所宣告之刑，難以收矯正之效，及難以維持法秩序」爲由，依刑法第41條第1項但書規定，不准受刑人易科罰金。」之指揮執行不准易科罰金，違反行政程序法「正當法律程序」、「人性尊嚴之保護」

---

[1]　臺灣臺南地方法院96年度訴字第1472號判決。
[2]　臺灣高等法院臺南分院97年度上訴字第865號判決。
[3]　臺灣高等法院臺南分院99年度聲字第223號裁定。
[4]　臺灣臺南地方法院檢察99年度執更字第881號、臺灣板橋地方法院檢察署檢察官99年度執助字第1936號。

以及「合理原則」之拘束，應屬不當，遂以臺灣高等法院臺南分院99年度聲字第563號逕行裁定[5]：「檢察官不准受刑人甲○○易科罰金之執行指揮處分撤銷。受刑人甲○○准予易科罰金。」台灣高等法院台南分院檢察署檢察官接獲該裁定，乃向最高法院提出抗告。

　　最高法院受理後在99年度台抗字第899號裁定中指出：個別受刑人如有不宜易科罰金之情形，在刑事執行程序中，檢察官審酌受刑人是否具有「確因不執行所宣告之刑，難收矯正之效，或難以維持法秩序」等事由決定之。是以，檢察官對於得易科罰金案件之指揮執行，依具體個案，考量犯罪特性、情節及受刑人個人特殊事由等因素，如認受刑人確有因不執行所宣告之刑，難收矯正之效，或難以維持法秩序者，自得不准予易科罰金，此乃檢察官指揮執行時得依職權裁量之事項，倘其未濫用權限，自不得任意指摘為違法。從而，有期徒刑或拘役得易科罰金之案件，法院所諭知者，僅易科罰金折算之標準，至於是否准予易科罰金，則賦予執行檢察官視個案具體情形裁量之權限；易言之，執行檢察官就受刑人是否確因易科罰金，有難收矯正之效，或難以維持法秩序之情事，有判斷之權限，法院僅得審查檢察官為刑法第41條第1項之裁量時，其判斷之程序有無違背法令、事實認定有無錯誤、其審認之事實與刑法第41條第1項之裁量要件有無合理關連、有無逾越或超過法律規定之範圍等問題，除有必要時法院

---

[5] 相同法院以檢察官指揮執行受刑人不准易科罰金，違反行政程序法上之正當法律程序、人性尊嚴、平等原則合理原則，而撤銷檢察官不准受刑人易科罰金之執行指揮處分撤銷。逕行裁定准許受刑人准予易科罰金之案例。另如台灣高等法院台中分院97年度聲字第1517號裁定（立法委員候選人江○○犯賄選罪易科罰金案）、台灣高等法院台中分院97年度聲字第825號裁定（許○○恐嚇取財罪易科罰金案）、台灣高等法院台南分院97年度聲字第638號裁定（台南縣議會議長吳○○犯賭博罪易科罰金案）、臺灣高等法院高雄分院98年度聲字第1402號裁定（楊○○偽造文書、詐欺取財罪易科罰金案）。

於裁定內同時諭知准予易科罰金外，原則上不宜自行代替檢察官判斷受刑人是否有上開情事，即僅於檢察官上開裁量權之行使，有前述未依法定程序進行裁量，超越法律授權裁量範圍等情事，法院始有介入審查之必要。並認為高分院原裁定遽以檢察官不准易科罰金之指揮執行處分，因未予受刑人陳述意見，認違反行政程序法第43條、第95條第2項、第96條及第102條之規定而予以撤銷，自嫌速斷，以及執行時檢察官以刑法第57條所定法院於科刑時所應審酌之事項相同之標準審查受刑人，若考量前揭各情，不准受刑人易科罰金，是否有違雙重評價原則，不無疑問。此外關於刑法第41條第1項後段「確因不執行所宣告之刑難收矯正之效」、「難以維持法秩序」之事由，賦予檢察官審酌之權，但此一事由之審酌，應經嚴格之證明，其理由稍嫌速斷。而將上開高分院准許異議人易科罰金之原裁定予以撤銷，發回台灣高等法院台南分院更為裁定[6]。

二、問題疑義

依刑事訴訟法第457條之規定，執行裁判由為裁判法院之檢察官指揮之，以民國98年度在各地方法院檢察署所有刑事執行確定裁判有罪之人數而言，其中以判處六月以下有期徒刑最多，佔全部有罪人數結構比為42%，其次是判處拘役之人數，佔全部有罪結構比為20.8%[7]。可見刑事執行中，六月以下以有期徒刑及拘役之宣告之短期自由刑，二者合計佔檢

---

[6] 本案發回臺灣高等法院臺南分院更為裁定後，該院遂以並非刑事訴訟法第484條所指之「諭知該裁判之法院」，就本件異議之聲明，認為並無管轄權，聲明人即受刑人向該院聲明異議，於法不合，以99年度聲更(一)字第944號裁定受刑人「異議之聲明駁回。」

[7] 見法務部發行，《法務統計年報（98年）》，頁28。

察官執行裁判確定有罪人數之比例，已高達62.8%，而這些執行案件正是屬於刑法第41條第1項得易科罰金之案件，顯見易科罰金執行案件如何執行，確屬刑事訴訟法第八編，執行國家刑罰權實現的核心問題。

　　實務上受刑人以檢察官指揮執行不准易科罰金爲不當，向法院聲明異議請求救濟之案件中，法院不乏以檢察官指揮執行受刑人不准易科罰金，違反行政程序法上之正當法律程序、人性尊嚴、平等原則、合理原則，而撤銷檢察官不准受刑人易科罰金之執行指揮處分，逕行裁定准許受刑人准予易科罰金之案例[8]。然而檢察官指揮執行所爲處分之性質爲何？其應遵循之正當程序爲何？應否符合行政程序法相關程序規範？又執行檢察官於刑之執行指揮前，應否聽取受刑人之意見陳述？受刑人有無權利參與檢察官指揮執行決定之作成？能否認爲檢察官未使受刑人參與該不准易科罰金之指揮執行處分決定之形成，而有違背正當程序？再者檢察官就受刑人不准易科罰金，裁量其有無「難收矯正之效」或「難以維持法秩序」之不確定法律概念事由之判斷，得否以受刑人犯罪動機、目的、手段、犯後態度等刑法第57條所定法院於科刑時所應審酌之事項加以裁量之？倘執行時檢察官以法院量刑因素之相同標準審查受刑人，若考量後不准受刑人易科罰金，是否有違雙重評價原則？此外，當受刑人就檢察官指揮執行其不准易科罰金而向法院聲明異議時，法院審查時，就受刑人是否有刑法第41條第1項但書所規定之確因不執行所宣告之刑，「難收矯正之效」、「難以維

---

[8] 如台灣高等法院台中分院97年度聲字第1517號裁定（立法委員候選人江○○犯賄選罪易科罰金案）、台灣高等法院台中分院97年度聲字第825號裁定（許○○恐嚇取財罪易科罰金案）、台灣高等法院台南分院97年度聲字第638號裁定（台南縣議會議長吳○犯賭博罪易科罰金案）、臺灣高等法院高雄分院98年度聲字第1402號裁定（楊○○偽造文書、詐欺取財罪易科罰金案）、臺灣高等法院臺南分院99年度聲字第563號（高○○詐欺取財罪易科罰金案）。

持法秩序」之事由，所賦予檢察官審酌之權，但此一事由之審酌，究屬應予嚴格證明之，或僅屬自由證明即可之事項？均不無疑問。足見實務上易科罰金之執行程序，已有如上諸多問題所在，並非毫無爭議，著有釐清之必要。

三、易科罰金之宣告、執行及定位

行為人犯罪經法院判決確定宣告刑罰，原應照判決主文所宣告之刑罰執行之，惟因有一定原因之存在或基於刑事政策上之理由，不執行原判決所宣告之刑罰，乃以其他刑罰或處分代替原來刑罰之執行，稱之為「易刑處分」，現行刑法規定之易刑處分，分別有：第41條第1項之短期自由刑易科罰金、第41條第2項之短期自由刑易服社會勞動、第42條罰金易服勞役、第43條拘役罰金易以訓誡。依刑法第41條第1項規定：「犯最重本刑為五年以下有期徒刑以下之刑之罪，而受六月以下有期徒刑或拘役之宣告者，得以新臺幣一千元、二千元或三千元折算一日，易科罰金。但易科罰金，難收矯正之效或難以維持法秩序者，不在此限。」而法院判決有罪之判決書，應於主文內載明所犯之罪，其諭知六月以下有期徒刑或拘役者，如易科罰金，並應記載其折算之標準，至是否准予易科罰金之執行，由檢察官於指揮執行時，依刑法第41條第1項但書規定，審酌受刑人具體情況定之，法院無庸就執行有無困難及應否易科預為具體之認定，乃現行實務

上[9]一貫見解。依此實務見解及我國大多數學者[10]認為易科罰金在刑事法體系中之定位，應可區分二層次：一是就所犯罪名宣告之徒刑折算易科罰金標準之宣告，係屬法院裁判之事項；而另一層次是法院宣告徒刑易科罰金之標準確定後，具體准否受刑人執行易科罰金，則屬檢察官指揮刑罰執行事項。

法院依刑法第41條第1項所為之判決，主文中所諭知者僅為如易科罰金，其易科罰金之折算標準，而不及於非屬法院職權之易科罰金准許與否之決定，因此法院判決確定時，受刑人僅取得可聲請易科罰金之資格，這種資格係一種刑事訴訟法程序上「有以罰金代替短期自由刑執行之機會」的地位，受刑人除得向執行檢察官聲請易科罰金，亦可不聲請易科罰金而請求執行原宣告之徒刑，況且縱使在檢察官已准許受刑人易科罰金時，受刑人仍得選擇請求執行原法院判決所宣告之短期自由刑而入監服刑或繳納易科罰金之數額[11]。可見易科罰金之易刑處分執行之完足，尚待檢察官指

---

[9] 民國25年1月10日司法院院字第1387號解釋文略以：「刑法第41條之易科罰金，法院祇須依刑事訴訟法第301條第2款，於判決主文中諭知其折算標準，無庸就執行有無困難預為認定。」其他如最高法院90年度台上字第4778號、93年度台非字第197號、94年度台上字第2595號判決均採之，其他相同見解甚夥，不再贅引。

[10] 如陳樸生（1991），《實用刑法》，頁388年。高仰止（1996），《刑法總則之理論與實用》，頁530。楊大器（1998），《刑法總則釋論》，頁262年。褚劍鴻（1998），《刑法總則論》，頁439。蔡墩銘（1990），《刑法總論》，頁326，台北：三民。至認為應由法院於裁判時，即應決定准否易科罰金之見解，則有楊建華（1998），《刑法總則之比較與檢討》，頁341-342。蘇俊雄（2000），《刑法總論III》，頁241；但此見解在刑法第41條修正案中，並未被採納。

[11] 以受刑人之立場而言，是否均絕對希望透過易科罰金之方式，來代替短期自由刑之執行，恐非當然爾，實務上有諸多受刑人因經濟惡化與失業人口增加，並不聲請易科罰金而選擇入監服刑。參見薛智仁（2010），〈限制短期自由刑之制裁體系改革方向〉，《政大法學評論》，第116期，頁247。

揮執行時始能確定之。在歷年刑法第41條之修正[12]，其中民國94年2月2日修正有關宣告易科罰金之標準、以及得否准許易科罰金之審酌因素，立法理由亦明確認為：「易科罰金制度旨在救濟短期自由刑之流弊，性質屬易刑處分，故在裁判宣告之條件上，不宜過於嚴苛，現行規定除『犯最重本刑為五年以下有期徒刑以下之刑之罪』、『而受六個月以下有期徒刑或拘役之宣告』外，尚須具有『因身體、教育、職業或家庭之關係或其他正當事由，執行顯有困難』之情形，似嫌過苛，爰刪除『因身體、教育、職業或家庭之關係或其他正當事由，執行顯有困難』之限制。至於個別受刑人如有不宜易科罰金之情形，在刑事執行程序中，檢察官得依現行條文第一項但書之規定，審酌受刑人是否具有『確因不執行所宣告之刑，難收矯正之效，或難以維持法秩序』等事由，而為准許或駁回受刑人易科罰金之聲請，更符合易科罰金制度之意旨」。是以有期徒刑或拘役得易科罰金之案件，法院判決所諭知者，僅係如易科罰金之折算標準而已，至於是否准予易科罰金，則賦予執行檢察官視個案具體情形，依上開刑法第41條第1項

---

[12] 有關刑法第41條歷年重大修正情形如下：

【民國90年1月10日修正前原條文】

第41條 犯最重本刑為三年以下有期徒刑以下之刑之罪，而受六月以下有期徒刑或拘役之宣告，因身體、教育、職業或家庭之關係，執行顯有困難者，得以一元以上三元以下折算一日，易科罰金。

【民國90年1月10日修正公布條文】

第41條（第一項） 犯最重本刑為五年以下有期徒刑以下之刑之罪，而受六個月以下有期徒刑或拘役之宣告，因身體、教育、職業、家庭之關係或其他正當事由，執行顯有困難者，得以一元以上三元以下折算一日，易科罰金。但確因不執行所宣告之刑，難收矯正之效，或難以維持法秩序者，不在此限。

【民國94年2月2日修正公布條文】

第41條（第一項） 犯最重本刑為五年以下有期徒刑以下之刑之罪，而受六個月以下有期徒刑或拘役之宣告者，得以新臺幣一千元、二千元或三千元折算一日，易科罰金。但確因不執行所宣告之刑，難收矯正之效，或難以維持法秩序者，不在此限。

但書規定得予以裁量，亦即執行檢察官得考量受刑人如不接受有期徒刑或拘役之執行，是否難收矯正之效，或難以維持法秩序，以作為裁量是否准予易科罰金之憑據，非謂受刑人有一身體、教育、職業、家庭等事由，或暫時無法執行，檢察官即有准予易科罰金之義務。

「易科罰金」在學理上謂係換刑或易刑處分，或稱代替刑，鑒於我國易科罰金制度旨在避免短期自由刑之流弊並確保刑罰之執行，在僅具備刑法第41條第1項所規定之「法定刑」與「宣告刑」之要件下，受刑人所取得乃刑事訴訟法程序上「有以罰金代替短期自由刑執行之機會」的地位與資格，該資格則屬一種值得法律保護的利益[13]。故當檢察官否准受刑人聲請易科罰金之執行時，受刑人得依刑事訴訟法第484條聲明異議而向法院請求救濟；因此，本文認為我國易科罰金制度之定位，應將之視為一種「受刑人取得易科罰金聲請權之資格，並於該聲請權遭否准時，得以刑事訴訟法上程序之聲明異議權為救濟。」

四、檢察官指揮執行刑事裁判所為處分之性質

刑罰係由普通法院（地方法院、高等法院、最高法院）之刑事庭裁判後，由檢察官指揮執行實現裁判之內容，完成國家刑罰權之行使，故執行本案有罪判決是實際行使刑事訴訟所確定之國家具體刑罰權，以達成刑事訴訟目的，因此，刑事執行乃廣義之刑事訴訟之程序[14]。關於刑事執行之

---

[13] 參照張明偉（2002），《數罪併罰中有期徒刑之執行》，頁83，國立台灣大學法律學研究所碩士論文。

[14] 陳樸生（1994），《刑事訴訟法實務》，頁590年；黃東熊（1991），《刑事訴訟法論》，頁689，台北：三民。

主要法律，包括刑事訴訟法第八編執行，少年事件處理法、監獄行刑法、行刑累進處遇條例、外役監條例、保安處分執行法等；在關於執行刑罰的法律關係中，存在刑事訴訟法的關係和矯正法的關係兩方面，前者是指被法院裁判宣告確定的刑罰，應依據刑事訴訟法所規定的程序來交付執行，在此存在執行刑罰的檢察官與受刑人的刑事訴訟法關係；後者特別是關於自由刑，必須通過矯正機關執行刑罰來改善、教育受刑人，這方面的程序進行，則由矯正相關的法令所規定，在此存在受刑人與自由刑的執行機關間所產生的矯正關係[15]。

　　司法權的定義應從目的性及功能性角度觀察，非單純組織的配屬來判斷，在司法院大法官釋字第392號解釋中，已明確指出司法權之一的刑事訴訟，即刑事司法之裁判，係以實現國家刑罰權為目的之司法程序，其審判乃以追訴而開始，追訴必須實施偵查，迨判決確定，尚須執行始能實現裁判之內容。是以此等程序悉與審判、處罰具有不可分離之關係，亦即偵查、訴追、審判、刑之執行均屬刑事司法之過程，其間代表國家從事「偵查」、「訴追」、「執行」之檢察機關，其所行使之職權，目的既亦在達成刑事司法之任務，則在此一範圍內之國家作用，當應屬廣義司法之一。憲法第8條第1項所規定之「司法機關」，自非僅指同法第77條規定之司法機關而言，而係包括檢察機關在內之廣義司法機關。而司法機關裁判後之執行階段，就個別事件所為之措施、處分或其他處置，此種決定、措施或處分，乃「司法行政處分」；因上述行為發生爭執由普通法院審判，不適用行政訴訟程序[16]。所謂司法行政，與其他公權力的行政，所不同的即在

---

[15]　【日】大塚仁著，馮軍譯（2002），《刑法概說（總論）》，頁475-476，北京：中國人民大學出版社。

[16]　德國有所謂司法行政處分之概念，指法官署在民法、商法、民事訴訟、非訟事件及刑事

其核心目的，故判斷是否為司法行政處分，應以該處分為輔助司法權之完整性為基準。

　　我國檢察官在刑事訴訟法上雖為當事人，但此一法律上的定位僅在審判程序（即起訴後判決前）具有功能性的意義，就整個刑事訴訟制度而言，即使在司法院大法官釋字第392號解釋，強制處分權陸續被移轉或限制以後我國檢察官毫無疑問仍具有強烈司法機關性格的公務員，而不能與一般公務員同視[17]。依刑事訴訟法第457條規定刑事法院判決確定之刑罰，係由檢察官指揮執行之，故檢察官為實現國家刑罰權，而依刑事訴訟法規定所為之司法行政處分，絕非行政程序法所稱之行政機關行政行為，亦不屬行政訴訟法所指之行政處分，受刑人對檢察官指揮刑罰執行之處分認為不當或違法，而有所不服，應依刑事訴訟法第484條，向諭知裁判之法院聲明異議，而非循行政救濟方式循求爭訟救濟。檢察官指揮執行刑罰之程序，既屬刑事司法程序，則檢察官在指揮刑事裁判之執行乃「刑事司法」案件，並非為一般「公法事件」，至堪認定；依上開說明，檢察官指揮執行刑罰，其所指揮執行的乃法院確定之判決，並係依刑事訴訟法所規定之程序來執行，在此執行程序中，檢察官與受刑人的關係是刑事訴訟法的關係，檢察官指揮執行刑罰正為輔助完成刑事司法權之完整實現，故檢察官指揮執行刑事裁判所為易刑處分之性質，即應定位為司法行政處分，而不是行政機關之行政處分[18]。

審判範圍內，或自由刑、少年矯治事件之執行，官署就個別案件所為之措施、處分或其他處置而言。因上述行為發生爭執時，由普通法院裁判，不適用行政訴訟程序。參見吳庚（2005），《行政法之理論與實用》，頁310之註六。

[17] 蘇永欽（2004），〈司法行政組織的發展趨勢－從審判獨立與國家給付司法義務的緊張關係談起〉，收錄在《法治斌教授論文集－法治與現代行政法學》，頁75-76，台北：元照。

[18] 最高行政法院97年度裁字第3132號裁定意旨即指出：「刑事訴訟法上檢察官之處分或監獄

五、檢察官指揮執行易科罰金之正當程序

　　正當法律程序為憲法保障人民維繫人性尊嚴之一環，惟實現此憲法概念之程序法規定，則因人民所處法律位階層面之不同，而分散臚列於行政程序法及刑事訴訟法等法律規定中，於踐履正當法律程序之保障時，應視個案判斷適用之程序法規定。行政程序法與刑事訴訟法既屬不同法律位階層面之程序規定，對於正當法律程序之踐履，自應尋求個案所處之程序究屬何者，而依相關法律規定予以保障。各級法院檢察署檢察官所為之處分，是否得遽認係屬行政程序法所規範之行政處分，而得援引該法作為處分作成時所應遵守之程序上及實體上要件，應視檢察官所為之處分究與行政程序法所規範之行政處分性質是否相同，以及其他法律有無特別規定而定，非可一概而論[19]。而按檢察官之職權，依據法院組織法第60條規定有：實施偵查、提起公訴、實行公訴、協助自訴、擔當自訴及指揮刑事裁判之執行與其他法令所定職務之執行，其中所行使之實施偵查、提起公訴、實行公訴、協助自訴、擔當自訴及指揮刑事裁判之執行，皆屬刑事訴訟法所明定刑事司法之職權，檢察官行使偵查、訴追、審判、刑之執行均屬刑事司法權之範疇[20]，目的既在達成刑事司法之任務，則檢察官

行刑法、保安處分執行法上矯正機關之監禁、戒護、假釋、撤銷假釋、保護管束等矯正處分，均屬刑事執行之一環，為廣義之司法行政處分，無論其處理或救濟程序，均應依其相關法規辦理。而刑事訴訟法對犯罪之追訴、處罰及執行等程序均定有明文，如有不服，其救濟程序，應依刑事訴訟法相關規定辦理，不得提起行政爭訟。」其他相同見解，尚有最高行政法院97年度裁字第4149號、95年度裁字第295號裁定等等，不再贅引。

[19] 參見最高法院99年度台抗字第899號裁定。

[20] 司法權除審判權外，至少尚包括解釋權、懲戒權及檢察權，司法機關包括檢察機關為實務界及憲法學者通說，司法院大法官釋字第13號、第325號、第384號解釋，均間接或直接肯定檢察機關是司法機關。見司法院大法官釋字第392號解釋理由書。

在指揮刑事裁判之執行，所應遵循之正當程序乃刑事訴訟法，並非行政程序法[21]；況且行政程序法第3條第2項第2款、第3項第3款及第4款亦明文規定，司法機關之行政行為及刑事案件犯罪偵查程序、犯罪矯正機關或其他收容處所為達成收容目的所為之行為，均不適用該法之程序規定，當不能以現行各級法院檢察署，在機關隸屬上為行政機關法務部所屬，遽認檢察官所為之指揮執行刑罰所為之處分，係屬行政處分，而應遵循符合行政程序法相關規範。

　　法院裁判一經確定後移送檢察官執行時，非依法定程序，不能停止其執行之效力，而執行程序乃執行者與受刑人二造關係[22]，並非如法院審判程序有所謂當事人，而法院為中立之第三者之三面關係，當無檢察官應聽取受刑人辯駁之程序進行[23]。而刑事訴訟法並無規定執行檢察官於刑之執行指揮前，應於訊問受刑人時聽取其陳述意見及辯駁，依刑事訴訟法第469條規定：「受死刑、徒刑或拘役之諭知，而未經羈押者，檢察官於執行時，應傳喚之；傳喚不到者，應行拘提。前項受刑人，得依第76條第1

---

[21] 參照最高行政法院95年度裁字第295號裁定意旨：代表國家從事「偵查」、「訴追」之檢察機關，依刑事訴訟程序所為起訴、不起訴或辦畢簽結之處分，自屬廣義之司法行政處分，如有不服，其救濟程序，應依刑事實體或程序法之相關規定辦理。本文認為易科罰金執行程序，屬刑事裁判之執行，亦應為相同理解。

[22] 在刑事訴訟法所規定之刑罰之執行，注重執行者與被執行者之關係在刑事訴訟法所規定之刑罰之執行，注重執行者與被執行者之關係，見蔡墩銘（1990），《刑法總論》，頁319，台北：三民。

[23] 參照最高法院95年度台抗字第236號裁定意旨：「有關撤銷假釋之處分，本屬刑事裁判執行之一環，如有不服，其救濟程序，應依刑事訴訟法第四百八十四條規定辦理，而行政程序法第三條第一項第二款規定，司法機關之行政行為不適用本法之程序規定。從而，有關撤銷假釋處分，當無適用行政程序法之餘地，抗告人認應依該法舉行聽證等程序，顯有誤會，其指摘檢察官指揮執行不當，為無理由。」本文認為易科罰金執行程序，屬刑事裁判之執行，亦應為相同理解。

款及第2款之規定，逕行拘提，及依第84條之規定通緝之。」如受刑人係在羈押中或因他案在監獄服刑中，則逕行發監執行，更無須傳喚亦無應聽取受刑人陳述意見，可見檢察官指揮執行刑事裁判，並無檢察官應聽取受刑人陳述意見[24]。又依刑事訴訟法第459條至第461條、第468條至第474條、第476條至第482條之規定，檢察官指揮執行刑罰，係依職權進行，除有刑事訴訴法第467條所定停止執行自由刑之事由存在，始得停止執行外，受刑人所為有關行刑事項之請求，並不拘束檢察官指揮執行之程序進行。受刑人在法院審理程序固屬當事人，但在執行程序時是受刑罰執行之對象，在檢察官指揮執行受刑人經法院判決有罪確定之刑罰過程中，應無將受刑人與被告擺在相同平等的位置上，此乃指揮執行刑罰之程序上本質，更為偵查及審判程序之重要區別[25]；況受刑人經法院裁判有罪確定後，刑罰指揮執行之行為，應嚴格遵守裁判之內容，絕不容許受刑人以自己之意思，任意出入，延宕國家刑罰之迅速實現，當無受刑人得參與檢察官就法院裁判確定如何執行指揮決定形成之權利。

　　刑事訴訟法雖同時賦與檢察官提起公訴、實行公訴以及裁判執行之權限，受刑人認檢察官就法院裁判執行之指揮為不當者，除得依刑事訴訟法第484條之規定向法院聲明異議外，並有刑事訴訟法第483條之聲明疑義，其後更有抗告、再抗告程序，由法院介入審查之救濟程序規定，可謂周延，於刑事訴訟之被告或受刑人之權益保障，尚無不足，程序亦無不正

---

[24] 參照最高法院94年度台抗字第327號裁定意旨中，就有關撤銷假釋認為屬刑事裁判執行之一環，並非行政程序法第92條第1項所稱之行政處分，自無該法第102條規定應給予受刑人陳述意見之機會。本文認為易科罰金執行程序亦屬刑事裁判之執行，亦應為相同理解。

[25] 陳迫（1992），《刑事執行之研究（上）》，頁1，台灣高等法院檢察署八十一年研究發展報告。

當；既然檢察官決定不准受刑人易科罰金之指揮執行處分，已非行政程序法適用範圍，當不能以行政程序法第43條、第95條第2項、第96條及第102條之規定，來檢視刑事訴訟法上執行程序，或偵查、審判程序進行是否正當。從而，檢察官就受刑人為不准易科罰金之處分，既非屬行政處分，則檢察官踐履正當法律程序時，當依循刑事訴訟法之相關規定進行，刑事法院在個案中判斷檢察官所為有關指揮執行刑罰之處分，有無違反正當法律程序，應依刑事訴訟法規定審查，而非行政程序法，認為檢察官指揮執行易科罰金之程序，應遵守行政程序法，當非允當之見解，不無紊亂檢察官行使刑事訴訟法上職權，乃司法行為之本質而非行政行為。

六、檢察官不准易科罰金裁量界線——代結論

(一)刑罰執行之裁量

法院在論罪科刑對被告量刑時要進行裁量，在執行刑罰的階段也要從種種角度進行裁量，例如刑法第75條之1規定「足認原宣告緩刑難收其預期效果，而有執行刑罰之必要者，得撤銷其宣告……」、第77條規定「受徒刑之執行而有悛悔實據者，……得許假釋出獄。」以及同法第41條第1項後段規定「但因易科罰金，難收矯正之效或難以維持法秩序者，不在此限。」得予以不准易科罰金。所謂之「難收其預期效果」、「悛悔實據」、「難收矯正之效」、「難以維持法秩序」之事由，乃係立法者賦予執行者能依具體個案，考量犯罪特性、情節及受刑人個人之相關主、客觀條件如犯後態度、前科紀錄、保護法益，據以審酌裁量受刑人如不接受原判決宣告之有期徒刑或拘役之執行，是否難達科刑之目的、矯正之成效或

維持法秩序，以作爲其裁量是否准予易科罰金、撤銷緩刑、假釋之憑據，以適應刑罰執行本身中個案的複雜性，促成刑罰執行之合目的性及妥當性。

由於檢察官在指揮執行刑罰時，對受刑人應如何爲合目的及妥當性之具體刑罰執行方式而進行裁量，而有調查該裁量事由之憑據，但此刑事執行程序中之調查，並非確認犯罪事實之法院審判程序，並不適用法院踐行調查證據程序時，當無所謂嚴格證明法則之適用[26]。因此，本文認爲檢察官指揮執行否准受刑人聲請易科罰金時，調查是否具有「難收矯正之效」、「難以維持法秩序」之事由，乃屬自由證明之事項，無所謂應使用法定證據或要求達於無合理懷疑之確信程度，始得不准易科罰金；從而，當檢察官指揮執行時，依現存在之證據及檢察官訊問結果，已足使執行檢察官對受刑人產生「很有可能」具有「難收矯正之效」、「難以維持法秩序」之心證程度即可，非必證明至「確實如此」之程度即可，即得認定符合不准易科罰金要件。

(二)禁止裁量嚴苛原則

檢察官依刑法第41條第1項但書規定，指揮執行易科罰金之易刑處分時，應調查受刑人是否有因不接受六月以下有期徒刑或拘役之執行，即有難收矯正之效，或難以維持法秩序之情形，以作爲裁量是否准予易科罰金之憑據，非謂受刑人有一身體、教育、職業、家庭等事由，或暫時無法執

---

[26] 最高法院95年度台上字第6096號判決要旨指出：「嚴格證明法則係限制法院於審判期日踐行調查證據程序時，祇能使用法定之證據方法，……嚴格證明法則既具有嚴格之形式性要求，對於法院調查證據之程序形成相當之限制，自僅侷限於本案犯罪事實及其法律效果等問題，更僅適用於法院審判程序中，至於並非確認犯罪事實之偵查程序則不與焉。」

行，檢察官即有准予易科罰金之義務，惟基於民國94年2月2日修正有關宣告易科罰金之標準，以及得否准許易科罰金之審酌因素時，在立法理由即已明確指出，易科罰金制度旨在救濟短期自由刑之流弊，性質屬易刑處分，故在裁判宣告之條件上，不宜過於嚴苛，規定除「犯最重本刑為五年以下有期徒刑以下之刑之罪」、「而受六個月以下有期徒刑或拘役之宣告」外，尚須具有「因身體、教育、職業或家庭之關係或其他正當事由，執行顯有困難」之情形，似嫌過苛，爰刪除「因身體、教育、職業或家庭之關係或其他正當事由，執行顯有困難」之限制。至於個別受刑人如有不宜易科罰金之情形，在刑事執行程序中，檢察官得依現行條文第1項但書之規定，審酌受刑人是否確具有因不執行所宣告之刑「難收矯正之效或難以維持法秩序」等事由，而為准許或駁回受刑人易科罰金之聲請，更符合易科罰金制度之意旨。以及目前檢察官在執行實務上，關於易科罰金准否之執行指揮，原則上執行檢察官均應依法裁量後按原刑事判決意旨予以准許，惟有在不准易科罰金時，始報請檢察長核定之[27]。因此，只有在特別情況等，才有對受刑人實施短期自由刑之最後手段原則，在通常情形下，不應以執行短期自由刑作為處罰的方式，故執行檢察官在指揮執行受刑人聲請易科罰金之案件之裁量審查上，有禁止嚴苛原則之適用。

(三)禁止同一執行程序重複評價

　　執行檢察官就受刑人是否執行有期徒刑或拘役，存有難收矯正之效，或難以維持法秩序之裁量，本即難以脫逸受刑人犯罪動機、目的、手段、犯後態度等刑法第57條所定法院於科刑時所應審酌之事項；檢察官於指揮

---

[27] 見台灣高等法院檢察署96年5月修訂之《刑罰執行手冊》，頁80。

執行應否易科罰金之易刑處分時，以刑法第57條所規定各款作為裁量事項，並未溢脫受刑人是否存在有「難收矯正之效或難以維持法秩序者」不確定法律概念之具體事由；況且執行檢察官在裁量應否准易科罰金時，只需刑法第57條所臚列之各款事由具體情狀仍存在，殊難認為執行檢察官不得以刑法第57條所列各款事項，做為裁量受刑人是否存在有難收矯正之效，或難以維持法秩序等不確定法律概念之內涵及具體事由[28]。

　　所謂雙重評價或重複評價是針對一事不兩罰所確立之原則，檢察官准否易科罰金乃易刑處分之執行，所執行完畢者仍是原法院判決確定之宣告刑；執行檢察官審酌是否准予易科罰金，本應就受刑人之犯行、執行效果、犯罪時之社會環境、個人特質與法秩序之維護等一切因素加以審酌，與法院量刑所為之審酌事項若屬相同，乃不可避免；惟法院在本案審理中對被告量刑之審酌，與檢察官執行時審酌受刑人有無難收矯正之效或難以維持法秩序者，前者適用法條為刑法第57條，後者是第41條第1項後段，不僅適用法條不同，審查裁量之程序階段亦不同，且執行檢察官僅依裁判意旨指揮執行，並未更易其內容，難認檢察官有關指揮執行所為之處分係原裁判以外之另一裁判，當無「雙重評價」後為更不利決定可言[29]。

　　因此，檢察官以刑法第57條各款事項作為審查受刑人是否存在有「難收矯正之效或難以維持法秩序者」不確定法律概念內涵之具體事由，而作為裁量是否准予易科罰金之憑據應無不可，不能認有違反雙重評價原則。惟若執行檢察官先是對於受刑人易科罰金之聲請，經裁量准予其易科罰金，並經受刑人繳納部分易科罰金，嗣後又依相同標準再為裁量，而以相

---

[28] 參照最高法院檢察署檢察總長97年度非上字第237號非常上訴書。
[29] 臺灣高等法院臺中分院99年度抗字第915號裁定。

同或類似事由，不准受刑人易科罰金之聲請，則是顯將已審酌事項，再重爲審酌，例如檢察官在聲請易科罰金執行程序中訊問受刑人時，依確定判決書內容已知悉「受刑人對不特定之人行騙，以不實療效之藥酒誆騙病患，致被害人身體健康及金錢受損，遭起訴之事實多達十六件。」乃在點名單內對受刑人之聲請，批示「准予易科罰金」並告知受刑人。隨後又於同一點名單上刪除「准予易科罰金」字樣，再以前次相同事由及標準再予審查，而改批示：「受刑人對不特定之人行騙，以不實療效之藥酒誆騙病患，致被害人身體健康及金錢受損，遭起訴之事實多達十六件，影響法秩序甚大，不宜准其易科」；或檢察官另於同日隨後再次訊問受刑人，而以類似事由之「受刑人與其他共同被告共同行騙，短短月餘即行詐七次，又受刑人於一審時均未賠償被害人，於二審時亦並未對被害人全額賠償，且就被害人部分未達成和解，同案共同被告係經本件受刑人邀同才加入該詐欺團體等事由等情，再行審查後，於點名單再加以批示認不宜准予易科罰金[30]。本文認爲此舉在檢察官同一執行程序中，就准否易科罰金之相同事由或類似事由予以審酌，先是准予易科罰金，嗣後竟自行否決先前已准予易科罰金之決定，而變更爲否准易科罰金之處分，乃明顯在同一執行程序以相同事由或類似事由予以重複評價，始屬應予禁止之同一執行程序重複評價之範疇。

---

[30] 參照台灣高等法院台中分院98年度聲字第1730號裁定意旨略以：「本件檢察官於98年8月12日上午10時28分對於受刑人應執行有期徒刑六月之部分准予易科罰金聲請時，既已知悉上開情事，仍依前述標準准予其易科罰金，並經本件受刑人繳納全額罰金新臺幣165600元（其中新臺幣10萬元由保金抵繳），……然竟復於短短一小時後之同日上午11時28分，以上開事由，不准受刑人易科罰金之聲請，顯將已審酌事項，再重爲審酌，此舉無異對受刑人所犯罪刑，予以雙重評價，不僅未洽，亦違反易科罰金審查不應過於嚴苛之修法意旨。」

(四)實質平等與個案正義原則

憲法第7條平等原則並非指絕對、機械之形式上平等，而係保障人民在法律上地位之實質平等，立法機關基於憲法之價值體系及立法目的，自得斟酌規範事物性質之差異而為合理之區別對待[31]。在實踐刑罰執行之平等原則，自係保障受刑人在刑罰執行之法律地位上之實質平等，藉以實現個案正義，故從立法目的或刑事政策考量，自得斟酌規範事物性質之差異而為合理之區別對待，而刑罰執行機關在刑罰執行上，如有正當理由，即得為差別之對待[32]。檢察官在指揮執行刑罰時，行使法律所授與裁量權，在遵循法律授權目的及範圍內，以實踐具體受刑人個案正義，而為不同之處理，自與平等原則無違。

當檢察官就具體指揮刑罰執行之個案，審酌受刑人應否准予易科罰金，係以受刑人其過往之事實而成具體判斷受刑人有無「難收矯正之效」、「難以維持法秩序」事由之標準，落實受刑人在刑罰執行法律上地位之實質平等；若非如此，易科罰金制度即有所謂富人條款之質疑，容易造成有錢可消災之印象，弱化刑罰之目的，貧者無法獲得易科罰金之實益，而使貧者憤恨，富者僥倖，反難謂公平。故刑法第41條第1項但書，立法者慮及替代原自由刑之易科罰金刑會因個案差異，醞有濃厚的個別預防理論之教育刑色彩，將「有難收矯正之效」或「難以維持法秩序之虞」，授權檢察官於指揮執行時審酌是否准予易科罰金，依個案受刑人個

---

[31] 參照司法院大法官釋字第485號解釋。

[32] 例如監獄行刑法第11條即有規定：「受刑人入監時，應行健康檢查；有下列情形之一者，應拒絕收監：一、心神喪失或現罹疾病，因執行而有喪生之虞。二、懷胎五月以上或分娩未滿二月。三、罹急性傳染病。四、衰老、身心障礙，不能自理生活。」「前項被拒絕收監者，應由檢察官斟酌情形，送交醫院、監護人或其他適當處所。」

人差異為裁量，此乃個案正義原則之適用，並無違背平等原則。若謂受刑人所量處之刑度，只要符合刑法第41條第1項前段法院宣告易科罰金之要件，檢察官皆須准許易科罰金，才是與憲法上平等原則之內涵相違[33]。

(五)結語

綜上所述，易科罰金准否之執行，固然刑事訴訟法賦予執行檢察官此項裁量，但受刑人所取得此種刑事訴訟法程序上「有以罰金代替短期自由刑執行之機會」的地位與資格，該資格乃屬一種值得法律保護之利益，自得依刑事訴訟法第484條規定：「受刑人或其法定代理人或配偶以檢察官執行之指揮為不當者，向諭知該裁判之法院聲明異議。」立法者賦予檢察官能依具體個案，考量犯罪所造成法秩序等公益之危害大小、施以自由刑，避免受刑人再犯之效果高低等因素，據以審酌得否准予易科罰金，執行檢察官即應就自由刑一般預防（維持法秩序）與特別預防（有效矯治受刑人使其回歸社會）目的為衡平裁量，非謂僅因受刑人個人家庭、生活處遇值得同情即應予以准許[34]。

---

[33] 至台灣高等法院檢察署85年4月增訂之《刑罰執行手冊》第67頁之「檢察官執行徒刑或拘役得易科罰金之案件，應慎重酌受刑人有無刑法第41條規定執行顯有困難之原因，而准駁之間，務求適法，合情合理，避免有寬嚴不一之情形。」已因民國94年2月2日修正刑法第41條之規定後而不再適用，在台灣高等法院檢察署96年5月修訂之《刑罰執行手冊》，第二章（各種刑之執行）第三節（有期徒刑拘役之執行）第六款〈易科罰金〉即已刪除之；惟目前法院在受理受刑人聲明異議案件中（如台灣高等法院台中分院97年度聲字第1517號、98年度聲字第825號、99年度聲字第622號裁定，台灣高等法院台南分院97年度聲字第638號、99年度聲字第563號裁定，臺灣高等法院高雄分院98年度聲字第1402號裁定等諸多案例），仍一再引用已不適用之上開台灣高等法院檢察署85年4月增訂之《刑罰執行手冊》之相關規定，質疑執行檢察官在准駁受刑人聲請易科罰金，有違反公平原則。

[34] 參照最高法院97年度台抗字第576號、98年度台抗字第102號裁定意旨。

　　執行檢察官此項准否易科罰裁量權，僅在發生違法裁量或有裁量瑕疵時，法院始有介入審查之必要；倘執行檢察官於執行處分時，已具體說明不准易科罰金之理由，並且遵守上述檢察官不准易科罰金裁量界線，而無裁量嚴苛、亦無同一執行程序重複評價、符合實質平等與個案正義原則，且未有逾越法律授權，並無發生裁量有明顯恣意、專斷之違法濫用權力之裁量情事，檢察官應具有裁量餘地，法院不得遽謂執行檢察官執行之指揮為不當，亦不宜以法院審判本案之審理程序，或將執行檢察官視為行政執行者之角度，來檢視檢察官指揮刑事執行之程序。惟檢察官指揮執行不准受刑人易科罰金如有明顯裁量專斷、恣意之濫用，依刑事訴訟法第486條分別規定：「法院應就異議之聲明裁定之」，此項異議歸由法院裁定，並未限制法院之裁定內容，則受刑人或其他有異議權人對於檢察官不准易科罰金執行之指揮聲明異議，經法院認為異議有理由而為撤銷檢察官指揮之裁定者，原則宜由檢察官重行為適當之斟酌外，法院不宜自行代替檢察官裁量受刑人有無「難收矯正之效」、「難以維持法秩序」之事由存在，僅在檢察官為裁量權之行使，其判斷之程序違背法令、事實認定有錯誤、其審認之事實與刑法第41條第1項但書之裁量要件無合理關連、逾越或超過法律規定之範圍等問題，始宜於裁定內同時諭知准予易科罰金。

（原文刊載法令月刊第62卷第6期，2011年6月）

國家圖書館出版品預行編目資料

認罪與量刑／劉邦繡著．－－初版．－－臺北
市：五南，2012.07
　面；　公分
ISBN 978-957-11-6668-1（平裝）
1.刑罰
586.56　　　　　　　　　　101007925

1T78

認罪與量刑

作　　者 ― 劉邦繡（353.4）

發 行 人 ― 楊榮川

總 編 輯 ― 王翠華

主　　編 ― 林振煌

責任編輯 ― 李奇蓁　聶家音

封面設計 ― 童安安

出 版 者 ― 五南圖書出版股份有限公司

地　　址：106台北市大安區和平東路二段339號4樓

電　　話：(02)2705-5066　　傳　　真：(02)2706-6100

網　　址：http://www.wunan.com.tw

電子郵件：wunan@wunan.com.tw

劃撥帳號：01068953

戶　　名：五南圖書出版股份有限公司

台中市駐區辦公室/台中市中區中山路6號

電　　話：(04)2223-0891　　傳　　真：(04)2223-3549

高雄市駐區辦公室/高雄市新興區中山一路290號

電　　話：(07)2358-702　　傳　　真：(07)2350-236

法律顧問　元貞聯合法律事務所　張澤平律師

出版日期　2012年6月初版一刷

定　　價　新臺幣280元